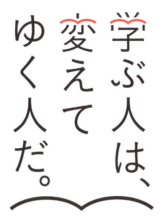

学ぶ人は、
変えて
ゆく人だ。

目の前にある問題はもちろん、

人生の問いや、

社会の課題を自ら見つけ、

挑み続けるために、人は学ぶ。

「学び」で、

少しずつ世界は変えてゆける。

いつでも、どこでも、誰でも、

学ぶことができる世の中へ。

旺文社

JN249190

2023-2024年対応

文部科学省後援

直前対策

英検®2級
3回過去問集

※ 英検®には複数の方式があります（p.13参照）。本書に収録されている問題は、「従来型」の過去問のうち、公益財団法人 日本英語検定協会から提供を受けたもののみです。準会場・海外受験などの問題とは一致しない場合があります。英検S-CBTの過去問は公表されていませんが、問題形式・内容は従来型と変わりませんので、受験準備のためには本書収録の過去問がご利用いただけます。

このコンテンツは、公益財団法人 日本英語検定協会の承認や推奨、その他の検討を受けたものではありません。

英検®は、公益財団法人 日本英語検定協会の登録商標です。

旺文社

この問題カードは切り取って、本番の面接の練習用にしてください。
質問は p.49 にありますので、参考にしてください。

Fake News

Photographs are used by the media because they help people to understand news stories better. Nowadays, however, photographs that contain false information can easily be created with modern technology. Some people put such photographs on the Internet, and by doing so they try to make others believe untrue stories. People should be aware that technology can be used in good and bad ways.

Your story should begin with this sentence: **One day, Ken and Sakura were talking about their favorite sea animals.**

問題カード

この問題カードは切り取って、本番の面接の練習用にしてください。
質問は p.51 にありますので、参考にしてください。

Animal Shelters

Nowadays, there are many animal shelters that care for abandoned pets. These animals are often scared of people. Now, training that helps pets get along with people is attracting attention. Some animal shelters offer such training, and in this way they make it easier for abandoned pets to find new owners. Animal shelters will probably continue to play an important role in society.

Your story should begin with this sentence: **One day, Mr. and Mrs. Sano were talking at a hotel in Thailand.**

切り取り線

2022年度第3回　英検2級　解答用紙

解答欄

問題番号	1	2	3	4
(1)	①	②	③	④
(2)	①	②	③	④
(3)	①	②	③	④
(4)	①	②	③	④
(5)	①	②	③	④
(6)	①	②	③	④
(7)	①	②	③	④
(8)	①	②	③	④
(9)	①	②	③	④
(10)	①	②	③	④
(11)	①	②	③	④
(12)	①	②	③	④
(13)	①	②	③	④
(14)	①	②	③	④
(15)	①	②	③	④
(16)	①	②	③	④
(17)	①	②	③	④
(18)	①	②	③	④
(19)	①	②	③	④
(20)	①	②	③	④

(解答欄 1)

解答欄

問題番号	1	2	3	4
(21)	①	②	③	④
(22)	①	②	③	④
(23)	①	②	③	④
(24)	①	②	③	④
(25)	①	②	③	④
(26)	①	②	③	④

(解答欄 2)

解答欄

問題番号	1	2	3	4
(27)	①	②	③	④
(28)	①	②	③	④
(29)	①	②	③	④
(30)	①	②	③	④
(31)	①	②	③	④
(32)	①	②	③	④
(33)	①	②	③	④
(34)	①	②	③	④
(35)	①	②	③	④
(36)	①	②	③	④
(37)	①	②	③	④
(38)	①	②	③	④

(解答欄 3)

※筆記4の解答欄はこの裏にあります。

リスニング解答欄

問題番号	1	2	3	4
No.1	①	②	③	④
No.2	①	②	③	④
No.3	①	②	③	④
No.4	①	②	③	④
No.5	①	②	③	④
No.6	①	②	③	④
No.7	①	②	③	④
No.8	①	②	③	④
No.9	①	②	③	④
No.10	①	②	③	④
No.11	①	②	③	④
No.12	①	②	③	④
No.13	①	②	③	④
No.14	①	②	③	④
No.15	①	②	③	④
No.16	①	②	③	④
No.17	①	②	③	④
No.18	①	②	③	④
No.19	①	②	③	④
No.20	①	②	③	④
No.21	①	②	③	④
No.22	①	②	③	④
No.23	①	②	③	④
No.24	①	②	③	④
No.25	①	②	③	④
No.26	①	②	③	④
No.27	①	②	③	④
No.28	①	②	③	④
No.29	①	②	③	④
No.30	①	②	③	④

（第1部：No.1〜No.15，第2部：No.16〜No.30）

※実際の解答用紙に似せていますが，デザイン・サイズは異なります。

●記入上の注意（記述形式）
・指示事項を守り，文字は，はっきりと分かりやすく書いてください。
・太枠に囲まれた部分のみが採点の対象です。

4 ライティング解答欄

5
10
15

2022年度第2回　英検2級　解答用紙

【注意事項】
①解答にはHBの黒鉛筆（シャープペンシルも可）を使用し，解答を訂正する場合には消しゴムで完全に消してください。
②解答用紙は絶対に汚したり折り曲げたり，所定以外のところへの記入はしないでください。

③マーク例

良い例	悪い例
●	◖ ✕ ◗

 これ以下の濃さのマークは読めません。

解　答　欄				
問題番号	1	2	3	4
(1)	①	②	③	④
(2)	①	②	③	④
(3)	①	②	③	④
(4)	①	②	③	④
(5)	①	②	③	④
(6)	①	②	③	④
(7)	①	②	③	④
(8)	①	②	③	④
(9)	①	②	③	④
(10)	①	②	③	④
(11)	①	②	③	④
(12)	①	②	③	④
(13)	①	②	③	④
(14)	①	②	③	④
(15)	①	②	③	④
(16)	①	②	③	④
(17)	①	②	③	④
(18)	①	②	③	④
(19)	①	②	③	④
(20)	①	②	③	④

(左欄は「1」)

解　答　欄				
問題番号	1	2	3	4
(21)	①	②	③	④
(22)	①	②	③	④
(23)	①	②	③	④
(24)	①	②	③	④
(25)	①	②	③	④
(26)	①	②	③	④

(左欄は「2」)

解　答　欄				
問題番号	1	2	3	4
(27)	①	②	③	④
(28)	①	②	③	④
(29)	①	②	③	④
(30)	①	②	③	④
(31)	①	②	③	④
(32)	①	②	③	④
(33)	①	②	③	④
(34)	①	②	③	④
(35)	①	②	③	④
(36)	①	②	③	④
(37)	①	②	③	④
(38)	①	②	③	④

(左欄は「3」)

※筆記4の解答欄はこの裏にあります。

リスニング解答欄				
問題番号	1	2	3	4
No.1	①	②	③	④
No.2	①	②	③	④
No.3	①	②	③	④
No.4	①	②	③	④
No.5	①	②	③	④
No.6	①	②	③	④
No.7	①	②	③	④
No.8	①	②	③	④
No.9	①	②	③	④
No.10	①	②	③	④
No.11	①	②	③	④
No.12	①	②	③	④
No.13	①	②	③	④
No.14	①	②	③	④
No.15	①	②	③	④
No.16	①	②	③	④
No.17	①	②	③	④
No.18	①	②	③	④
No.19	①	②	③	④
No.20	①	②	③	④
No.21	①	②	③	④
No.22	①	②	③	④
No.23	①	②	③	④
No.24	①	②	③	④
No.25	①	②	③	④
No.26	①	②	③	④
No.27	①	②	③	④
No.28	①	②	③	④
No.29	①	②	③	④
No.30	①	②	③	④

(第1部：No.1～No.15，第2部：No.16～No.30)

※実際の解答用紙に似せていますが，デザイン・サイズは異なります。

（左余白：切り取り線）

●記入上の注意（記述形式）
・指示事項を守り，文字は，はっきりと分かりやすく書いてください。
・太枠に囲まれた部分のみが採点の対象です。

4 ライティング解答欄

5

10

15

2022年度第1回　英検2級　解答用紙

解答欄 1

問題番号	1	2	3	4
(1)	①	②	③	④
(2)	①	②	③	④
(3)	①	②	③	④
(4)	①	②	③	④
(5)	①	②	③	④
(6)	①	②	③	④
(7)	①	②	③	④
(8)	①	②	③	④
(9)	①	②	③	④
(10)	①	②	③	④
(11)	①	②	③	④
(12)	①	②	③	④
(13)	①	②	③	④
(14)	①	②	③	④
(15)	①	②	③	④
(16)	①	②	③	④
(17)	①	②	③	④
(18)	①	②	③	④
(19)	①	②	③	④
(20)	①	②	③	④

解答欄 2

問題番号	1	2	3	4
(21)	①	②	③	④
(22)	①	②	③	④
(23)	①	②	③	④
(24)	①	②	③	④
(25)	①	②	③	④
(26)	①	②	③	④

解答欄 3

問題番号	1	2	3	4
(27)	①	②	③	④
(28)	①	②	③	④
(29)	①	②	③	④
(30)	①	②	③	④
(31)	①	②	③	④
(32)	①	②	③	④
(33)	①	②	③	④
(34)	①	②	③	④
(35)	①	②	③	④
(36)	①	②	③	④
(37)	①	②	③	④
(38)	①	②	③	④

※筆記4の解答欄はこの裏にあります。

リスニング解答欄

問題番号	1	2	3	4
No.1	①	②	③	④
No.2	①	②	③	④
No.3	①	②	③	④
No.4	①	②	③	④
No.5	①	②	③	④
No.6	①	②	③	④
No.7	①	②	③	④
No.8	①	②	③	④
No.9	①	②	③	④
No.10	①	②	③	④
No.11	①	②	③	④
No.12	①	②	③	④
No.13	①	②	③	④
No.14	①	②	③	④
No.15	①	②	③	④
No.16	①	②	③	④
No.17	①	②	③	④
No.18	①	②	③	④
No.19	①	②	③	④
No.20	①	②	③	④
No.21	①	②	③	④
No.22	①	②	③	④
No.23	①	②	③	④
No.24	①	②	③	④
No.25	①	②	③	④
No.26	①	②	③	④
No.27	①	②	③	④
No.28	①	②	③	④
No.29	①	②	③	④
No.30	①	②	③	④

第1部：No.1～No.15
第2部：No.16～No.30

※実際の解答用紙に似せていますが，デザイン・サイズは異なります。

切り取り線

●記入上の注意（記述形式）
・指示事項を守り，文字は，はっきりと分かりやすく書いてください。
・太枠に囲まれた部分のみが採点の対象です。

4 ライティング解答欄

5

10

15

Introduction

はじめに

実用英語技能検定（英検®）は，年間受験者数410万人（英検IBA，英検Jr.との総数）の小学生から社会人まで，幅広い層が受験する国内最大級の資格試験で，1963年の第1回検定からの累計では1億人を超える人々が受験しています。英検®は，コミュニケーションに欠かすことのできない4技能をバランスよく測定することを目的としており，英検®の受験によってご自身の英語力を把握できるだけでなく，進学・就職・留学などの場面で多くのチャンスを手に入れることにつながります。

この『直前対策 3回過去問集』は，英語を学ぶ皆さまを応援する気持ちを込めて刊行しました。本書は，2022年度に実施された3回分の過去問を，皆さまの理解が深まるよう，日本語訳や詳しい解説を加えて収録しています。また，正答率が高かった設問の解説には 正答率 ★75%以上 マーク（別冊p.2参照）がついているので，特に押さえておきたい問題を簡単にチェックできます。

本書が皆さまの英検合格の足がかりとなり，さらには国際社会で活躍できるような生きた英語を身につけるきっかけとなることを願っています。

最後に，本書を刊行するにあたり，多大なご尽力をいただきました青山学院高等部 田辺博史先生に深く感謝の意を表します。

2023年　秋

※英検1級〜3級は2024年度第1回検定から試験形式が一部変わります。2024年度以降の試験形式については，英検ウェブサイトをご覧ください。なお，この情報は2023年7月現在のものです。

もくじ

Contents

執　　筆：田辺博史（青山学院高等部）
編集協力：株式会社シー・レップス，株式会社ターンストーンリサーチ
録　　音：ユニバ合同会社
デザイン：林 慎一郎（及川真咲デザイン事務所）
組版・データ作成協力：幸和印刷株式会社

本書の使い方

ここでは，本書の過去問および特典についての活用法の一例を紹介します。

一次試験対策

情報収集・傾向把握

- 英検インフォメーション (p.12-15)
- 傾向と攻略ポイント (p.16-19)

過去問にチャレンジ

- 2022年度第3回一次試験
- 2022年度第2回一次試験
- 2022年度第1回一次試験

※アプリ「学びの友」を利用して，自動採点 (p.8-9)

仕上げ

- これだけは覚えたい！ 重要ポイント (p.21-26)
- 【Web特典】これだけは覚えたい！ 重要ポイント

二次試験対策

情報収集・傾向把握

- 二次試験・面接の流れ
- 【Web特典】面接シミュレーション／面接模範例

過去問にチャレンジ

- 2022年度第3回二次試験
- 2022年度第2回二次試験
- 2022年度第1回二次試験

過去問の取り組み方

1セット目

【実力把握モード】

本番の試験と同じように，制限時間を設けて取り組みましょう。どの問題形式に時間がかかりすぎているか，正答率が低いかなど，今のあなたの実力を把握し，学習に生かしましょう。アプリ「学びの友」の自動採点機能を活用して，答え合わせをスムーズに行いましょう。

2セット目

【学習モード】

制限時間をなくし，解けるまで取り組みましょう。リスニングは音声を繰り返し聞いて解答を導き出してもかまいません。すべての問題に正解できるまで見直します。

3セット目

【仕上げモード】

試験直前の仕上げとして，時間を計って本番のつもりで取り組みます。「これだけは覚えたい！ 重要ポイント」を本番試験の前にもう一度見直しましょう。

英検S-CBTを受験する人は…
CBT体験サービス (p.10) を利用して，パソコンでの試験に慣れておきましょう。

※別冊の解答解説についている **正答率 ★75%以上** は，旺文社「英検® 一次試験 解答速報サービス」において回答者の正答率が75%以上だった設問を示しています。ぜひ押さえておきたい問題なので，しっかり復習しておきましょう。

音声について

一次試験・リスニングと二次試験・面接の音声を聞くことができます。本書とともに使い，効果的なリスニング・面接対策をしましょう。

収録内容と特長

 ### 一次試験・リスニング

本番の試験の音声を収録	➡ スピードをつかめる！
解答時間は本番通り10秒間	➡ 解答時間に慣れる！
収録されている英文は，別冊解答に掲載	➡ 聞き取れない箇所を確認できる！

 ### 二次試験・面接（スピーキング）

実際の流れ通りに収録	➡ 本番の雰囲気を味わえる！

・パッセージの黙読（試験通り20秒の黙読時間があります）
・パッセージの音読（Model Readingを収録しています）
・質問（音声を一時停止してご利用ください）

各質問のModel Answerも収録	➡ 模範解答が確認できる！
Model Answerは，別冊解答に掲載	➡ 聞き取れない箇所を確認できる！

2つの方法で音声が聞けます！

音声再生 サービス ご利用 可能期間	**2023年9月4日〜2025年2月28日** ※ご利用可能期間内にアプリやPCにダウンロードしていただいた音声は，期間終了 　後も引き続きお聞きいただけます。 ※これらのサービスは予告なく変更，終了することがあります。

 ① **公式アプリ「英語の友」**(iOS/Android) で **お手軽再生**

リスニング力を強化する機能満載

再生速度変換 （0.5〜2.0倍速）	お気に入り機能 （絞込み学習）	オフライン再生
バックグラウンド 再生	試験日 カウントダウン	

［ご利用方法］　　　　　　　　　　　　※画像はイメージです。

1 「英語の友」公式サイトより，アプリをインストール
https://eigonotomo.com/ 　英語の友 🔍
（右の2次元コードから読み込めます）

2 アプリ内のライブラリよりご購入いただいた書籍を選び，
「追加」ボタンを押してください

3 パスワードを入力すると，音声がダウンロードできます
　［パスワード：akfuxd］ ※すべて半角アルファベット小文字

※本アプリの機能の一部は有料ですが，本書の音声は無料でお聞きいただけます。
※詳しいご利用方法は「英語の友」公式サイト，あるいはアプリ内ヘルプをご参照ください。

② パソコンで音声データダウンロード（MP3）

［ご利用方法］

1 **Web特典にアクセス**　詳細は，p.7をご覧ください。

2 **「一次試験［二次試験］音声データダウンロード」から
聞きたい検定の回を選択してダウンロード**

※音声ファイルはzip形式にまとめられた形でダウンロードされます。
※音声の再生にはMP3を再生できる機器などが必要です。ご使用機器，音声再生ソフト等に関する技術
的なご質問は，ハードメーカーもしくはソフトメーカーにお願いいたします。

Web特典について

購入者限定の「Web特典」を，皆さんの英検合格にお役立てください。

ご利用可能期間	**2023年9月4日〜2025年2月28日** ※本サービスは予告なく変更，終了することがあります。	
アクセス方法	スマートフォン タブレット	右の2次元コードを読み込むと， パスワードなしでアクセスできます！
	PC スマートフォン タブレット 共通	1. Web特典（以下のURL）にアクセスします。 https://eiken.obunsha.co.jp/2q/ 2. 本書を選択し，以下のパスワードを入力します。 **akfuxd** ※すべて半角アルファベット小文字

〈特典内容〉

(1)解答用紙
本番にそっくりの解答用紙が印刷できるので，何度でも過去問にチャレンジすることができます。

(2)音声データのダウンロード
一次試験リスニング・二次試験面接の音声データ（MP3）を無料でダウンロードできます。
※スマートフォン・タブレットの方は，アプリ「英語の友」(p.5) をご利用ください。

(3)これだけは覚えたい！　重要ポイント音声
「これだけは覚えたい！　重要ポイント」(p.21)に対応した音声を聞くことができます。一次試験までに，覚えておきましょう。

(4)2級面接対策
【面接シミュレーション】入室から退室までの面接の流れが体験できます。本番の面接と同じ手順で練習ができるので，実際に声に出して練習してみましょう。

【面接模範例】入室から退室までの模範応答例を見ることができます。各チェックポイントで，受験上の注意点やアドバイスを確認しておきましょう。

【問題カード】面接シミュレーションで使用している問題カードです。印刷して，実際の面接の練習に使ってください。

自動採点アプリ「学びの友」の利用方法

本書の問題は，採点・見直し学習アプリ「学びの友」でカンタンに自動採点することができます。

ご利用 可能期間	**2023年9月4日～2025年2月28日** ※本サービスは予告なく変更，終了することがあります。 ※ご利用可能期間内にアプリ内で「追加」していた場合は，期間終了後も引き続きお使いいただけます。
アクセス 方法	「学びの友」公式サイトより，アプリを利用開始 **https://manatomo.obunsha.co.jp/** （右の二次元コードからもアクセスできます）

※アプリの動作環境については，「学びの友」公式サイトをご参照ください。なお，本アプリは無料でご利用いただけます。
※詳しいご利用方法は「学びの友」公式サイト，あるいはアプリ内ヘルプをご参照ください。

[ご利用方法]

1 **アプリを起動後，「旺文社まなびID」に会員登録してください**
会員登録は無料です。

2 **アプリ内の「書籍を追加する」より**
ご購入いただいた書籍を選び，「追加」ボタンを押してください

3 **パスワードを入力し，コンテンツをダウンロードしてください**
パスワード：akfuxd
※すべて半角アルファベット小文字

4 学習したい検定回を選択してマークシート
を開き，学習を開始します

マークシートを開くと同時にタイマーが動き出します。
問題番号の下には，書籍内掲載ページが表示されています。
問題番号の左側の□に「チェック」を入れることができます。

5 リスニングテストの音声は，
問題番号の横にある再生ボタンをタップ

一度再生ボタンを押したら，最後の問題まで自動的に進みます。

6 リスニングテストが終了したら，
画面右上「採点する」を押して答え合わせをします

※ライティング問題がある級は，「自己採点」ページで模範解答例を参照し，
観点別に自己採点を行ってください。

採点結果の見方

結果画面では，正答率や合格ラインとの距離，間違えた問題の確認ができます。

「問題ごとの正誤」では，プルダ
ウンメニューで，「チェック」し
た問題，「不正解」の問題，「チェッ
クと不正解」の問題を絞り込ん
で表示することができますので，
解き直しの際にご活用ください。

CBT体験サービスの利用方法

本書に掲載されている2022年度第1回の問題（従来型）を，パソコンを使ってウェブ上で解くことができるサービスです。CBT方式での受験を疑似体験してみましょう。

※英検 S-CBT の過去問題は非公開のため，それらの過去問体験ではありません。

ご利用可能期間	**2023年9月4日〜2025年2月28日** ※本サービスは予告なく変更，終了することがあります。
アクセス方法	**https://eiken-moshi.obunsha.co.jp/** **上記URLにアクセスし，以下のご利用方法の流れに沿ってご利用ください。**
推奨動作環境	対応OS：Windows 11, 10, 8.1／macOS 10.8以降 ブラウザ：Windows OS…最新バージョンのMicrosoft Edge, 　　　　　　　　　　　Google Chrome 　　　　　　　macOS…最新バージョンのGoogle Chrome ※タブレット，スマートフォンではご利用いただけません。

［ご利用方法］

1　ユーザー登録を行います

ログイン画面が表示されるので「初めて利用される方は，こちら」をクリックします。
「動作環境」→「利用規約」と画面が進みますので，それぞれ内容をご確認の上，次へ進んでください。

ユーザー登録画面が表示されます。
登録したアドレス宛にメールが届きますので，メール本文に記載されたURLにアクセスし，パスワードの設定を行ってください。

※メールが受信できるよう，ドメイン指定をされている場合は「obunsha.co.jp」をご登録ください。

2 学習する書籍を選択します

「利用登録をしていない書籍」の中から本書を選択し，以下の利用コードを入力します。

akfuxd

※すべて半角アルファベット小文字
※「2022-2023年対応 直前対策 英検2級3回過去問集」を選択しないようご注意ください。

3 CBT体験を開始します

次の2つのモードを選べます。

実践モード：実際の試験のように最初から最後まで通して行うモードです。「筆記型」と「タイピング型」のどちらかを選択してください。

練習モード：特定の問題だけ選んで解くことができます。

モードを選択すると，問題画面に切り替わります。指示に従って問題を解きましょう。

学習が終わったら，学習履歴で正解を確認しましょう。

リスニング・リーディング：自動で正答率を確認できます。

スピーキング・ライティング：解答の保存ができるので，復習ができます。

※ 画像はイメージです。

※ 詳しいご利用方法は，本サービス内のマニュアルおよびFAQをご参照ください。
※ デザイン，仕様等は予告なく変更される場合があります。
※ ご利用のパソコンの動作や使用方法に関するご質問は，各メーカーまたは販売店様にお問い合わせください。

英検®Information インフォメーション

出典：英検ウェブサイト

> ## 英検2級
> について

2級では，「社会生活に必要な英語を理解し，また使用できる」ことが求められます。
入試，単位認定，さらに海外留学や社会人の一般的な英語力の証明として幅広く活用されています。
目安としては「高校卒業程度」です。

試験内容

一次試験 筆記・リスニング

主な場面・状況	家庭・学校・職場・地域（各種店舗・公共施設を含む）・電話・アナウンスなど
主な話題	学校・仕事・趣味・旅行・買い物・スポーツ・映画・音楽・食事・天気・道案内・海外の文化・歴史・教育・科学・自然・環境・医療・テクノロジー・ビジネスなど

筆記試験 | ⏲85分

問題	形式・課題詳細	問題数	満点スコア
1	文脈に合う適切な語句を補う。	20問	
2	パッセージ（長文）の空所に文脈に合う適切な語句を補う。	6問	650
3	パッセージ（長文）の内容に関する質問に答える。	12問	
4	指定されたトピックについての英作文を書く。 （80〜100語）	1問	650

リスニング | ⏲約25分 | 放送回数／1回

問題	形式・課題詳細	問題数	満点スコア
第1部	会話の内容に関する質問に答える。	15問	650
第2部	短いパッセージの内容に関する質問に答える。	15問	

2023年7月現在の，2023年度受験の情報を掲載しています。試験に関する情報は変更になる可能性がありますので，受験の際は必ず英検ウェブサイトをご確認ください。

二次試験 面接形式のスピーキングテスト

主な場面・題材	社会性のある話題
過去の出題例	環境に優しい素材・オンライン会議・屋上緑化・ペット産業・新しいエネルギー・サプリメントなど

💬 スピーキング ⏱ 約7分

問題	形式・課題詳細	満点スコア
音読	60語程度のパッセージを読む。	650
No.1	音読したパッセージの内容についての質問に答える。	
No.2	3コマのイラストの展開を説明する。	
No.3	ある事象・意見について自分の意見などを述べる。 （カードのトピックに関連した内容）	
No.4	日常生活の一般的な事柄に関する自分の意見などを述べる。 （カードのトピックに直接関連しない内容も含む）	

英検®の種類

英検には，実施方式が異なる複数の試験があります。実施時期や受験上の配慮など，自分に合った方式を選択しましょう。なお，従来型の英検とその他の英検の問題形式，難易度，級認定，合格証明書発行，英検CSEスコア取得等はすべて同じです。

▶英検®（従来型）
紙の問題冊子を見て解答用紙に解答。二次試験を受験するためには，一次試験に合格する必要があります。

▶英検 S-CBT
コンピュータを使って受験。1日で4技能を受験することができ，申込時に会場・日程・ライティングの解答方式が選べます。原則，毎週土日に実施されています（級や地域により毎週実施でない場合があります）。ほかの実施方式で取得した一次試験免除の資格も申請可能です。

▶英検 S-Interview
点字や吃音等，CBT方式では対応が難しい受験上の配慮が必要な方のみが受験可能。

受験する級によって選択できる方式が異なります。各方式の詳細および最新情報は英検ウェブサイト
（https://www.eiken.or.jp/eiken/）をご確認ください。

統計的に算出される英検CSEスコアに基づいて合否判定されます。Reading, Writing, Listening, Speakingの4技能が均等に評価され, 合格基準スコアは固定されています。

▶▶ 技能別にスコアが算出される！

技能	試験形式	満点スコア	合格基準スコア
Reading（読む）	一次試験（筆記1〜3）	650	1520
Writing（書く）	一次試験（筆記4）	650	
Listening（聞く）	一次試験（リスニング）	650	
Speaking（話す）	二次試験（面接）	650	460

- 一次試験の合否は, Reading, Writing, Listeningの技能別にスコアが算出され, それを合算して判定されます。
- 二次試験の合否は, Speakingのみで判定されます。

▶▶ 合格するためには, 技能のバランスが重要！

英検CSEスコアでは, 技能ごとに問題数は異なりますが, スコアを均等に配分しているため, 各技能のバランスが重要となります。なお, 正答数の目安を提示することはできませんが, 2016年度第1回一次試験では, 1級, 準1級は各技能での正答率が7割程度, 2級以下は各技能6割程度の正答率の受験者の多くが合格されています。

▶▶ 英検CSEスコアは国際標準規格CEFRにも対応している！

CEFRとは, Common European Framework of Reference for Languages の略。語学のコミュニケーション能力別のレベルを示す国際標準規格。欧米で幅広く導入され, 6つのレベルが設定されています。
4技能の英検CSEスコアの合計「4技能総合スコア」と級ごとのCEFR算出範囲に基づいた「4技能総合CEFR」が成績表に表示されます。また, 技能別の「CEFRレベル」も表示されます。

CEFR	英検CSEスコア	実用英語技能検定 各級の合格基準スコア				
C2	4000〜3300	CEFR算出範囲			C1扱い	1級 満点3400
C1	3299〜2600			B2扱い	準1級 満点3000	3299
B2	2599〜2300		2級 満点2600	B1扱い	合格スコア 2304	合格スコア 2630
B1	2299〜1950	3級 満点2200	A2扱い	2299 合格スコア 1980	1980	2304
A2	1949〜1700	A1扱い	合格スコア 1728	1949	CEFR算出範囲外	
A1	1699〜1400	合格スコア 1456	1699 1400	CEFR算出範囲外		CEFR算出範囲外
	1399〜0	CEFR算出範囲外	CEFR算出範囲外			

※ 4級・5級は4技能を測定していないため「4技能総合CEFR」の対象外。
※ 詳しくは英検ウェブサイトをご覧ください。

英検®(従来型) 受験情報

※「従来型・本会場」以外の実施方式については，試験日程・申込方法が異なりますので，英検ウェブサイトをご覧ください。
※ 受験情報は変更になる場合があります。

◉ 2023年度 試験日程

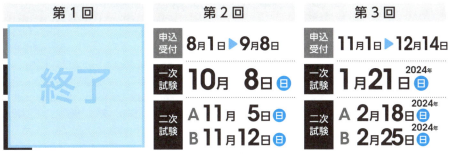

	第 1 回	第 2 回	第 3 回
	終了	申込受付 8月1日▶9月8日	申込受付 11月1日▶12月14日
		一次試験 10月8日(日)	一次試験 1月21日(日) 2024年
		二次試験 A 11月5日(日) / B 11月12日(日)	二次試験 A 2月18日(日) 2024年 / B 2月25日(日) 2024年

※ 一次試験は上記以外の日程でも準会場で受験できる可能性があります。
※ 二次試験にはA日程，B日程（2〜3級），C日程（1級，準1級）があり，受験級などの条件により指定されます。
※ 詳しくは英検ウェブサイトをご覧ください。

◉ 申込方法

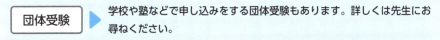

団体受験	▶	学校や塾などで申し込みをする団体受験もあります。詳しくは先生にお尋ねください。
個人受験	▶	インターネット申込・コンビニ申込・英検特約書店申込のいずれかの方法で申し込みができます。詳しくは英検ウェブサイトをご覧ください。

お問い合わせ先

英検サービスセンター	英検ウェブサイト
TEL. 03-3266-8311	www.eiken.or.jp/eiken/
㊊〜㊎ 9:30〜17:00（祝日・年末年始を除く）	試験についての詳しい情報を見たり，入試等で英検を活用している学校の検索をすることができます。

<table>
<tr>
<td>

**傾向と
攻略ポイント**

</td>
<td>

2023年1月（二次試験は2月）に行われた2022年度第3回検定を分析し、出題傾向と攻略ポイントをまとめました。2級の合格に必要な正答率は6割程度だと予測されます。正答率が6割を切った大問は苦手な分野だと考えましょう。

</td>
</tr>
</table>

 一次試験　筆記（85分）

1　短文の語句空所補充
1～2文程度の長さから成る文の空所に入る適切な語を選ぶ。

問題数**20問**
めやす**12分**

傾向　　●**単語**　(1)～(10)の全10問。空所に入る語の品詞は動詞が4問、名詞が4問、形容詞・副詞が各1問と、ここ数回同じである。
　　　　●**熟語**　(11)～(17)の全7問。今回は動詞句の熟語（amount to, pick out, be inherited from, go on the air, give off）が5問、また、副詞的または形容詞的に使われる熟語（separate from, at the mercy of）が2問それぞれ出題された。
　　　　●**文法**　通例(18)～(20)の全3問であるが、今回は文法というよりは定型表現に近い出題であった。(18)は can't help *doing*、(19)は the very ＋名詞、(20)は not ～ until ... で、いずれも英検2級レベルでは基本的な項目であった。

> **近年に問われた文法の例**
> **仮定法過去、仮定法過去完了、比較表現、未来完了、分詞構文、定型表現**
> **（There is no *doing*, regret to *do* など）**

**試験の
ポイント**　高校で学習するような出現頻度の高い単語が出題されるので、そういった単語を中心に押さえておくとよい。特に名詞と動詞の出題が多い傾向にある。また、日ごろから英文をよく読み、文脈から意味を推測する力を養っておくことも重要である。

**学習の
ポイント**　熟語に関しては、今回は動詞的表現が多く出題された。動詞は文の中心的な意味を担うことが多いので、注意が必要である。文法に関しては、今回は定型表現的なものが多く出題されたが、高校で学習する基本的な項目を復習しておくとよいだろう。

2　長文の語句空所補充
[A] [B] 2つの長文の空所に最適な語句を補充する。

問題数　**6問**
めやす**18分**

傾向　今回、[A] では人物伝（Johnny Appleseed）、[B] では歴史的な話題（船乗りたちに伝わる歌）がそれぞれ出題された。問題傾向としては、空所前後をつなぐ論理的な接続語句を選ぶ問題と、主語の後に続く述語部分を選ぶ問題はほぼ毎回出題されている。

> **近年に出題されたトピック**
> **環境・自然**　プラスチックの海洋汚染、凍結防止用の塩が環境に与える影響
> **文化・社会**　ミュージカル『キャッツ』、耳が聞こえない人のためのコンサート

文脈を把握して論理的に考え，空所に入れるべき語を推測する力が試される。ただ難解な出題は少なく，落ち着いて空所前後を読めば，正解にたどり着けるので，焦らずに取り組んでほしい。

パラグラフのトピックセンテンスを意識しながら，接続表現，代名詞が指し示すものなどに注意を払い，素早く論理展開を把握できるようにしておこう。特に社会，環境，科学，文化を扱った英文によく慣れ親しんでおくとよい。

3 長文の内容一致選択
[A][B][C] 3つの長文の内容に関する質問に答える。

問題数 **12問**
めやす **35分**

傾向　[A]は 240 語程度の E メール，[B]と[C]はそれぞれ 360 語程度の論説文であった。[A]の設問は 3 問，[B]は 4 問で，本文の冒頭から段落順に内容を問われることが多い。[C]の設問は 5 問で，1〜4 問目は，1 段落につき，1 つの設問が対応している傾向がある。5 問目は，長文全体の内容に関する真偽問題となることが多い。[B]，[C]で扱われるトピックは，自然科学，環境問題，社会，歴史，文化などに関するものが多い。

> **近年に出題されたトピック**
> **歴史**　　　　ツイードの歴史，パイナップルの歴史
> **社会・文化**　ベドウィンの生活，バングラデシュの生地

**試験の
ポイント**　[A]の英文は，3 つの段落から構成される E メールで，1 段落につき 1 つの設問が対応していることが多い。まず 1 つ目の設問を読んだ後，第 1 段落を読み進めながら，その答えを探していく。次に 2 番目の設問を読み，第 2 段落を読み進めていく。このように段落ごとに答えを探していくとよい。[B]，[C]の論説文は，4〜5 つの段落から成る英文である。パラグラフ冒頭のトピックセンテンスに着目し，その段落の主題を意識しながら読み進めるとよい。

**学習の
ポイント**　段落の冒頭にトピックセンテンスがあり，その後に具体例が続く英語の論説文のパラグラフ構成を常に意識しながら読み進めていくことが重要である。また 1 つのパラグラフには 1 つのトピックが対応する。こういったパラグラフの構成を心に留めながら，日ごろから時間制限を意識した速読の練習を行うとよいだろう。

4 英作文
指定されたトピックについての英作文を書く。

問題数 **1問**
めやす **20分**

傾向　今回のトピックは，日本が選挙での投票にインターネットを使用すべきかどうかについて意見を述べるというものであった。このように時事的または社会的なトピックが出題されることが多い。

> **近年に出題されたトピック**　日本はもっと外国人労働者を受け入れるべきかどうか，歴史をより良く理解するためには重要な史跡に行くことが必要だと思うか

**試験の
ポイント**　以下の構成に沿って，英文を書き進める：「主題文（自分の意見表明）」→「支持文①（自分の意見をサポートする具体例，理由）」→「支持文②」→「まとめ文

（冒頭の主題文の言い換え）」。

| 学習の
ポイント |
日ごろから時事的なテーマについて自分の意見を持ち，上記のパラグラフ構成に沿って英文を書いていく練習をしておこう。また，to begin with, in addition, for these reasons といったつなぎ言葉のバリエーションも増やしておこう。

 一次試験　リスニング（約25分）

第**1**部　会話の内容一致選択
放送される会話の内容に関する質問に対して最も適切な答えを4つの選択肢から選ぶ。　問題数 **15**問

傾向　男女の会話のやりとりが2往復程度あり，その後にその会話についての質問文が流れる。会話の状況や流れに頻出パターンがある。過去問題で傾向を把握しておこう。

頻出パターン
店員と客	客の用件に対する店員の応対，電話でのやりとり
家族	家庭生活における家族間のやりとり
学校の友人	依頼や勧誘，それに続くやりとり，学校生活に関する情報交換
職場の同僚	新しい仕事，情報交換，仕事に関する依頼

**試験の
ポイント**　リスニングで大事なことは，英文が放送される前に選択肢に目を通し，放送される内容を予測して臨むことである。また，リスニングは後戻りができないので，多少聞き取れない語があっても，そこにこだわらず，とにかく放送についていく心構えも必要である。

**学習の
ポイント**　上記の頻出の会話パターンから大きく逸脱したものはあまり出題されないので，日ごろから頻出パターンの会話を何度も聞いて，概要を把握する練習をしておきたい。リスニングは「場数」を多く踏むことが重要である。

第**2**部　一般文の内容一致選択
放送される一般文の内容に関する質問に対して最も適切な答えを4つの選択肢から選ぶ。　問題数 **15**問

傾向　60語程度の英文が放送され，その後にその英文についての質問文が読まれる。英文の形式には頻出パターンがあるので，過去問題で傾向を把握しておこう。

頻出パターン
ある人物の出来事	海外での経験，学生生活，仕事に関する話題，将来の夢
レポート	地理・文化・科学・社会の話題，歴史上の人物・事柄
アナウンス	校内放送，店内放送，公共施設の放送，乗り物の中の放送

**試験の
ポイント**　「なぜ～か」「どのように～か」「～についてわかることは何か」などが，よく問われる質問である。このように，英文の概要，因果関係を問われることが多く，「いつ」「どこで」といった細かい情報を聞かれることは少ない。聞き取れないところがあっても，そこであきらめず，概要把握に努めることが重要である。

**学習の
ポイント**　上記の頻出パターンの英文を聞き，概要把握をする練習を積み重ねるとよい。リスニングはリーディングと違って後戻りができないので，とにかく「場数」を踏み，問題パターンに慣れておくことが重要である。

英文（パッセージ）と3コマのイラストが印刷されたカードが渡される。20秒の黙読の後，英文の音読をするよう指示される。それから，4つの質問がされる。

No. 1 ……… カードの英文に関する質問。パッセージの該当箇所を利用して必要な情報を過不足なく伝えることを心掛けよう。

No. 2 ……… イラストの説明。3コマのイラストを，それぞれ2文程度で説明する。まずそのコマの状況を，矢印に書いてある時間の経過や場所を表す語句で始めて説明し（最初のコマでは指定の文をそのまま読めばよい），それから吹き出しのせりふ，イラストの人物の心理描写を説明する。吹き出しのない場合は状況の説明にもう1文をあてる。
　　　　　　ここで，カードを裏返して置くように指示される。

No. 3 ……… 受験者の意見を聞く質問。通常カードのトピックに関係のある事柄についての意見を紹介し，それに対してどう思うかを尋ねられる。同意か否かを述べてから，自分の意見を2文程度で述べよう。

No. 4 ……… 受験者の意見を聞く質問。カードのトピックに関連性のない事柄に関する意見をYes / No Question で尋ねられる。Yes. / No. と答えると，Why? / Why not? (Please explain.) と理由を尋ねられるので，2文程度で理由を答えよう。自分の経験に照らし合わせると答えやすい。

学習の
ポイント
音声教材を利用して音読の練習をし，正しい発音・発音の変化，強勢，抑揚などを練習しておこう。No. 3，4 では時事的なテーマが取り上げられることが多いので，そういったテーマについて日ごろから自分の意見を持ち，それを英語で表現する練習もしておきたい。また，過去問題の解答例で，使える表現をピックアップして覚えておこう。

過 去 に 出 題 さ れ た テ ー マ

時事的なテーマが多い。コンピューターと最新技術，食料，エコロジー，福祉に関する話題が，頻出のテーマである。

2022-2　A: A Shortage of Doctors
　　　　　（医者の不足）
　　　　B: Promoting New Products
　　　　　（新製品の販売促進をする）
2022-1　A: Learning about Food
　　　　　（食品についての学び）
　　　　B: Protecting Important Sites
　　　　　（重要な場所を守ること）
2021-3　A: Healthy Workers
　　　　　（健康な従業員）
　　　　B: Unusual Sea Life
　　　　　（珍しい海洋生物）

2021-2　A: Quality of Information
　　　　　（情報の質）
　　　　B: Learning about Athletes
　　　　　（スポーツ選手について知る）
2021-1　A: A New Type of Service
　　　　　（新しい種類のサービス）
　　　　B: New Ways to Communicate
　　　　　（コミュニケーションをとる新しい方法）
2020-3　A: Improving Safety
　　　　　（安全性を向上させること）
　　　　B: Helping People in Need
　　　　　（援助を必要としている人々を助けること）

二次試験・面接の流れ

(1) 入室とあいさつ

係員の指示に従い，面接室に入ります。あいさつをしてから，面接委員に面接カードを手渡し，指示に従って，着席しましょう。

(2) 氏名と受験級の確認

面接委員があなたの氏名と受験する級の確認をします。その後，簡単なあいさつをしてから試験開始です。

(3) 問題カードの黙読

英文とイラストが印刷された問題カードを手渡されます。まず，英文を20秒で黙読するよう指示されます。英文の分量は60語程度です。

※問題カードには複数の種類があり，面接委員によっていずれか1枚が手渡されます。本書では英検協会から提供を受けたもののみ掲載しています。

(4) 問題カードの音読

英文の音読をするように指示されるので，英語のタイトルから読みましょう。時間制限はないので，意味のまとまりごとにポーズをとり，焦らずにゆっくりと読みましょう。

(5) 4つの質問

音読の後，面接委員の4つの質問に答えます。No.1・2は問題カードの英文とイラストについての質問です。No.3・4は受験者自身の意見を問う質問です。No.2の質問の後，カードを裏返すように指示されるので，No.3・4は面接委員を見ながら話しましょう。

(6) カード返却と退室

試験が終了したら，問題カードを面接委員に返却し，あいさつをして退室しましょう。

これだけは覚えたい！
重要ポイント

Web特典（p.7）で
音声が聞けます！

一次試験までに覚えておきたい単語・熟語・文法の重要ポイントをまとめました。

☑ チェックのしかた

❶まずは，今の実力をチェック！
過去問を解く前に，左側の□を使って知らなかったものをチェック。試験までにしっかり覚えましょう！

❷一次試験が近づいてきたら…
試験前に，右側の□を使って再度チェック。左側の□にチェックが入っていたものは覚えられましたか？ 試験までにカンペキに覚え切りましょう！

❶ 動 詞

単語の品詞の中でも，文型を決める動詞は最も重要です。意味はもちろん，それに続く語の並び方にも注目しましょう。

□□ achieve	を達成する
□□ attempt	を試みる
□□ ban	を禁止する
□□ collapse	崩壊する
□□ compromise	妥協する
□□ conduct	を実施する
□□ convince	に納得させる〈of 〜を〉
□□ debate	（について）討論する
□□ decline	衰える
□□ display	を展示する
□□ disturb	の邪魔をする

□□ donate	を寄付する
□□ emphasize	を強調する
□□ hire	を雇う
□□ imply	をほのめかす
□□ indicate	を指し示す
□□ inform	に通知する
□□ investigate	（を）調査する
□□ object	反対する
□□ persuade	を説得する
□□ ruin	をだめにする
□□ sacrifice	を犠牲にする

21

□□ **spoil**	を甘やかす		□□ **urge**	に熱心に勧める
□□ **threaten**	を脅す		□□ **withdraw**	を引き出す

❷ 名　詞

動詞とともに文構造の中心となるのが名詞です。

□□ **angle**	角度		□□ **income**	収入
□□ **candidate**	候補者		□□ **instrument**	機器，楽器
□□ **capacity**	収容［受容］能力		□□ **intention**	意図
□□ **coincidence**	（偶然の）一致		□□ **lack**	不足
□□ **content**	中身		□□ **nutrition**	栄養
□□ **desire**	欲望		□□ **occasion**	（特定の）時
□□ **destination**	目的地		□□ **opponent**	相手
□□ **disaster**	天災		□□ **range**	範囲
□□ **emotion**	感情		□□ **resource**	（通例〜s）資源
□□ **evidence**	証拠		□□ **sorrow**	悲しみ
□□ **experiment**	実験		□□ **source**	源
□□ **famine**	飢饉		□□ **symptom**	症状
□□ **feature**	特徴		□□ **trial**	試み

❸ 形 容 詞

be anxious about ～「～を心配している」など，後に続く前置詞と一緒に覚えておくとよい
形容詞もありますので，辞書で確認してみましょう。

□□ **anxious**	心配して		□□ **physical**	身体の	
□□ **apparent**	明白な		□□ **pregnant**	妊娠した	
□□ **appropriate**	適切な		□□ **previous**	以前の	
□□ **artificial**	人工の		□□ **scarce**	乏しい	
□□ **capable**	有能な		□□ **selfish**	利己的な	
□□ **chilly**	ひんやりする		□□ **steady**	一定した	
□□ **dull**	退屈な		□□ **suspicious**	疑って	
□□ **fragile**	壊れやすい		□□ **unique**	唯一の	
□□ **harmful**	有害な		□□ **vacant**	空の	
□□ **permanent**	永続的な		□□ **vague**	あいまいな	

❹ 副 詞

副詞は，動詞や形容詞などを修飾したり，文全体を修飾したりする役割があります。

□□ **constantly**	絶えず		□□ **incredibly**	信じられないほど	
□□ **eagerly**	熱心に		□□ **obviously**	明らかに	
□□ **exactly**	まさに		□□ **precisely**	正確に	
□□ **frequently**	頻繁に		□□ **rarely**	めったに～ない	
□□ **generally**	概して		□□ **somehow**	何とかして	
□□ **gradually**	徐々に		□□ **temporarily**	一時的に	

❺ 熟　語

複数の語の組み合わせで，個々の単語の意味からは推測しにくい意味を表すのが熟語です。大問1で直接問われるほか，それ以外の大問でも正解のカギとなることが多くあります。

□□ **before long**	間もなく
□□ **break into ～**	～へ（不法に）押し入る
□□ **bring about ～**	～を引き起こす
□□ **burst into ～**	急に～し始める
□□ **by all means**	必ず
□□ **count on ～**	～を当てにする
□□ **get over ～**	～を克服する
□□ **go through ～**	～を経験する
□□ **in vain**	無駄に
□□ **let *A* down**	Aを失望させる
□□ **live on ～**	～の額の収入で生活する
□□ **look up to ～**	～を尊敬する
□□ **out of order**	故障して
□□ **pass away**	（人が）亡くなる
□□ **pick out ～**	～を選び出す
□□ **point out ～**	～を指し示す
□□ **refrain from *doing***	～するのを慎む
□□ **turn down ～**	～を拒絶する
□□ **up to ～**	～次第で

❻ 仮定法

仮想の「夢の世界」を描く仮定法。仮定法過去，仮定法過去完了，そのほか仮定法を使ったさまざまな表現をしっかり覚えましょう。

●仮定法過去

□□ 現在の事実に反する仮定や願望を表す。

□□ 〈If S＋過去形～, S'＋would [could / might]＋原形 ...〉の形で「もし～なら…だろう」を表す。

□□ 〈I wish＋S＋過去形～〉の形で「～であればよいのに」を表す。

例）If I had enough time, I would watch TV.
　　I wish it weren't raining.

●仮定法過去完了

□□ 過去の事実に反する仮定や願望を表す。

□□ 〈If S＋had＋過去分詞～, S'＋would [could / might] have＋過去分詞 ...〉の形で「もし～だったら…だったろうに」を表す。

□□ 〈I wish＋S＋had＋過去分詞～〉の形で「～であったらよかったのに」を表す。

例）If my daughter had done as I told her, she wouldn't have failed the test.
　　I wish John had come to the party.

●if の省略

□□ 〈Were [Had / 助動詞]＋主語〉の形で if を省略できる。

例）Had the forest fire come nearer, we would have left our hotel.

●should を用いた仮定法

□□ 未来における実現の可能性が比較的乏しい仮定を表す。

□□ 「万一～ならば」という意味。

例）If you should break your word, Susan would be angry.

❼ 分詞構文

分詞構文は，副詞節の中の接続詞と主語を省略した形で，「時，理由，条件，譲歩，付帯状況（～しながら）」などの意味を表します。

●完了形の分詞構文

□□ 〈having＋過去分詞〉の形で，文の述語動詞よりも前の時制を表す。

例）Having received a final medical checkup, they boarded the spacecraft.

●独立分詞構文

□□ 分詞構文の主語が主節の主語と異なる場合に，その主語が分詞の前に置かれる。

例）Their homework finished, the boys went out to play baseball in the park.

●with 構文

□□ 〈with＋名詞(句)＋分詞〉の形で「[名詞(句)]が～しながら」という付帯状況の意味を表す。

□□ with 構文の分詞部分には，現在分詞と過去分詞のほかに形容詞(句)や前置詞句がくることもある。

例）The girl waved goodbye to her mother with tears running down her cheeks.
The boy reached for the alarm clock with his eyes closed.

2022-3

一次試験　2023.1.22 実施
二次試験　A日程　2023.2.19 実施
　　　　　B日程　2023.2.26 実施

Grade 2

試験時間

筆記：85分
リスニング：約25分

＊解答・解説は別冊p.3〜40にあります。
＊面接の流れは本書p.20にあります。

1 次の (1) から (20) までの ( ) に入れるのに最も適切なものを 1, 2, 3, 4 の中から一つ選び，その番号を解答用紙の所定欄にマークしなさい。

(1) Jun taught his daughter an easy ( ) of making ice cream at home with milk, cream, sugar, and maple syrup.
1 cure　　2 register　　3 method　　4 slice

(2) Companies these days are making cameras that are ( ) small. Some are even smaller than a shirt button.
1 incredibly　2 partially　3 eagerly　4 consequently

(3) There are very few houses in the north part of Silver City. It is an ( ) area filled with factories and warehouses.
1 emergency　　　　　2 instant
3 industrial　　　　　4 environmental

(4) A: Do you think it's going to rain tomorrow, Tetsuya?
B: I ( ) it. The rainy season is over, and it's been sunny all week.
1 doubt　　2 blame　　3 pardon　　4 affect

(5) A: Why has the office been so quiet recently?
B: Since Amy and Ben had an argument, there has been a lot of ( ) between them.
1 tension　　2 survival　　3 privacy　　4 justice

(6) Julie's teacher asked her to ( ) the new textbooks to all of the students. She had to place one on each desk in the classroom.
1 respond　　2 negotiate　　3 collapse　　4 distribute

(7) A: Did your teacher ( ) your idea for your science project?
B: No. He says that I'm not allowed to do anything that involves dangerous chemicals. I'll have to think of something else.
1 confine　　2 compare　　3 abandon　　4 approve

(8) *A:* Is that the document you were looking for earlier?
B: Yes, it is. It was (   ) under a pile of papers on my desk. I really need to be more organized.

    1 dyed   **2** peeled   **3** buried   **4** honored

(9) Many science-fiction authors have written about the (   ) of traveling at the speed of light. With future developments in technology, this idea could become a reality.

    1 edition   **2** notion   **3** contact   **4** instinct

(10) When Hayley did some research into her (   ), she discovered that one of her great-grandfathers used to work in a famous theater in London.

    1 angels   **2** ancestors   **3** employees   **4** enemies

(11) The big storm caused a lot of damage to many of the homes in the city. The cost to repair all the damage (   ) over $70 million.

    1 amounted to   **2** aimed at
    3 calmed down   **4** checked with

(12) *A:* Tina, have you (   ) what you're going to wear for Helen's wedding?
B: Yes. I've got quite a few nice dresses, but I'm going to wear the pink one that I bought at the New Year's sale.

    1 called up   **2** picked out   **3** occurred to   **4** disposed of

(13) The current president of Baxter's Boxes is Mike Baxter. His business was (   ) his father, Peter, who retired 15 years ago.

    1 balanced on   **2** opposed to
    3 inherited from   **4** prohibited by

(14) Neil tries to keep his work (   ) his private life. He does not like to mix them, so he never takes work home or talks about his family with his colleagues.

    1 separate from   **2** familiar with
    3 anxious for   **4** equal to

(15) In the heavy rain, the ship's crew members were (   ) of the weather. They had to wait for the storm to pass before they could start the engines safely.

1 at the mercy   **2** on the point
3 in the hope   **4** off the record

(16) The British TV drama *Coronation Street* first went (   ) in 1960. It has remained popular ever since, and in 2020, its 10,000th episode was broadcast.

1 in a bit   **2** for a change
3 at the rate   **4** on the air

(17) *A:* Excuse me. I'm looking for an electric heater for my kitchen.
B: I recommend this one, ma'am. It's small, but it (   ) plenty of heat. It should warm your kitchen in just a few minutes.

1 drops out   **2** runs out   **3** gives off   **4** keeps off

(18) *A:* I can't help (   ) these peanuts. They're so delicious!
B: I know. Once you start, it's very, very difficult to stop.

1 eating   **2** to eat   **3** eat   **4** eaten

(19) *A:* What do you think of these cups in the shape of animals?
B: They're so cute! I need to get a present for my sister's birthday, and one of those cups would be the (   ) thing.

1 ever   **2** much   **3** very   **4** so

(20) The members of the band Rockhammer were looking forward to playing with their new guitarist. However, she did not arrive (   ) the concert was over.

1 unless   **2** whether   **3** until   **4** yet

（筆記試験の問題は次のページに続きます。）

2

[A]
Johnny Appleseed

The tale of Johnny Appleseed is an American legend. According to the story, Appleseed's dream was to grow enough apples for everybody to have plenty to eat. He traveled all across the United States, planting apple trees on the way. Much of this story is fiction. However, Johnny Appleseed (　21　). This was a man called John Chapman, who was born in the northeastern state of Massachusetts in 1774.

At the time, many people in the eastern United States were moving west to find cheap land. Chapman saw this as a (　22　). He got free bags of apple seeds from producers of cider, an alcoholic drink made from apples. As he traveled around, he bought land and planted apple trees in places that would likely become towns. Later, he would return to these places to check his apple trees and sell them. Sometimes, he also sold his land to people who wanted to settle there.

Chapman became popular with the people that he visited on his travels. He would bring them news from far away and tell them stories from his interesting life. Also, it seems that he was a kind person. If someone paid for his apple trees with clothes, he would then give these clothes to people who needed them more than he did. He was happy to wear a jacket made from an old cloth bag, and he rarely wore shoes, even in winter. The story of Johnny Appleseed is mainly a legend. (　23　), though, it contains a few seeds of truth taken from Chapman's life.

(21)
1 has appeared in several movies
2 has been given a new image
3 was based on a real person
4 was created by an apple farm

(22)
1 reason to celebrate
2 normal reaction
3 serious mistake
4 chance to make money

(23)
1 In response
2 At least
3 On average
4 With luck

[B]

Sea Shanties

Life on large sailing ships was hard. Sailors could be away from their homes and families for months or even years. The food they had to eat was often dried and in bad condition. The work that the sailors had to do on a ship was usually boring and physically tiring. (24   ), the sea itself was a very dangerous place, especially during storms, and accidents were common. It is not surprising that sailors started to make and sing their own songs to stay cheerful.

These songs, called "sea shanties," come in two varieties. "Capstan shanties" were used for work that needed a regular pace without stopping, such as raising the ship's anchor. "Pulling shanties" were used when the sailors pulled ropes to raise the sails. They sang these shanties as they worked together for a few seconds, stopped to take a breath, and then started again. During these shanties, one of the sailors, known as the "shantyman," would sing out a line. The other sailors would all sing the next line together. This helped them to (25   ).

After the invention of steamships, sailors no longer had to work together in teams. The ships' engines did all the hard work. Even so, sea shanties have remained popular. One reason is that their words are often based on funny stories. There are groups all over the world who get together to sing these amusing songs. Some people even write new ones. Like the sea shanties of the past, new ones also (26   ).

(24) 1 After a while
      2 In exchange
      3 To make matters worse
      4 For this reason

(25) 1 keep a steady rhythm
      2 learn how to build ships
      3 get to know one another
      4 scare sharks away

(26) 1 have both men's and women's parts
      2 teach people how to sail
      3 usually contain a lot of humor
      4 rarely last more than a minute

22
年度第3回

筆記

3

次の英文 [A], [B], [C] の内容に関して, (27) から (38) までの質問に対して最も適切なもの, または文を完成させるのに最も適切なものを 1, 2, 3, 4 の中から一つ選び, その番号を解答用紙の所定欄にマークしなさい。

[A]

From: Gravelton Comic Show <info@graveltoncomicshow.com>
To: Alice Sullivan <alisulli321@friendlymail.com>
Date: January 22
Subject: Thank you for signing up

- -

Dear Alice,
Thank you for signing up online for the eighth annual Gravelton Comic Show. This year's show will be held at the convention center in Gravelton on Saturday, February 18, and it will be our biggest ever. There will be thousands of comic books on sale, including rare items and comic books by local creators, as well as T-shirts, posters, and other goods from your favorite comic books. You'll also have the chance to meet and talk to some of the artists and writers who created them.
As usual, we'll be holding costume contests for visitors. One contest is for kids aged 12 or under, and the other is for everybody else. If you want to participate, please sign up at the reception desk by noon. Please note that your costume must have been made by you. People wearing costumes bought from a store will not be allowed to enter the contest. Be creative, and you might win a fantastic prize.
We ask all visitors to respect one another. Please do not touch other people's costumes or take photos of them without getting permission first. Also, please remember that eating and drinking are not allowed in the main hall of the convention center. In addition to the convention center's cafeteria, there will also be food trucks selling snacks and drinks in the square outside the center.
We look forward to seeing you at the show!
Gravelton Comic Show Staff

(27) At the Gravelton Comic Show, Alice will be able to

1 purchase comic books made by people from the Gravelton area.
2 watch movies based on her favorite comic books.
3 take lessons in how to create her own comic books.
4 display her paintings of famous comic book characters.

(28) What is one thing that participants in the costume contest need to do?

1 Make their costumes themselves.
2 Sign up before coming to the show.
3 Pay an entry fee at the reception desk.
4 Explain why they chose their costumes.

(29) Visitors to the Gravelton Comic Show must ask to be allowed to

1 eat in the main hall of the convention center.
2 use the parking lot in the square outside the center.
3 take a picture of another visitor's costume.
4 bring their own snacks and drinks to the show.

[B]
The King's Little Path

For thousands of years, the Guadalhorce river has flowed through the mountains of southern Spain. Over time, it has created an impressive narrow valley with high rock walls that are 300 meters above the river in some places. At the beginning of the 20th century, engineers decided that the fast-flowing river was a good place for a dam that could be used to generate electricity. A one-meter-wide concrete walkway was built high up on the walls of the valley for people to reach the dam from a nearby town.

To begin with, the walkway was only used by workers at the power plant and local people who wanted to get to the other side of the mountains. Soon, news of the walkway's amazing views spread, and it became popular with hikers. The engineers decided to improve the walkway to make it more attractive to tourists, and in 1921, it was officially opened by King Alfonso XIII of Spain. After the ceremony, the king walked the eight-kilometer route, and it became known as El Caminito del Rey, meaning "the king's little path."

Despite its popularity, the walkway was not well looked after. Holes appeared in places where the concrete had been damaged. Originally, there was a metal fence on one side of the walkway to stop people from falling, but this broke and fell to the bottom of the valley. El Caminito del Rey became famous as the most dangerous hiking path in the world, and people from many countries came for the excitement of walking along it. However, after four deaths in two years, the government decided to close the walkway in 2001.

Interest in El Caminito del Rey remained, and 2.2 million euros were spent on rebuilding the walkway with wood and steel. The new walkway was opened in 2015, and although it is safer than the old one, some people still find it frightening. Despite this, the dramatic scenery attracts many visitors. To keep El Caminito del Rey in good condition for as long as possible, hikers must now buy tickets to use it, and only 300,000 tickets are available each year.

(30) A walkway was built high up on the walls of the Guadalhorce river valley because

1 the river was too dangerous for boats to travel on.
2 a lower walkway had been destroyed by a sudden flood.
3 there were rocks in the valley that made it difficult to walk.
4 people needed it to get to a newly constructed dam.

(31) Why was the walkway called El Caminito del Rey?

1 Because the king of Spain walked along it after he opened it.
2 Because of the uniforms worn by the engineers who built it.
3 Because of the amazing views that could be seen from it.
4 Because local people wanted it to be attractive to tourists.

(32) A decision was made to close the walkway

1 following the discovery of holes in the concrete.
2 following accidents in which people died.
3 after a metal fence fell onto it.
4 after the cost of looking after it increased.

(33) What is one way in which the new walkway is being protected?

1 People have to wear special hiking boots when they use it.
2 A roof has been added to prevent damage caused by rain.
3 The surface of the walkway is made from a new material.
4 The number of people who can hike on it has been limited.

[C]
The Evolution of Laughter

Laughter is not only a way to express our feeling that something is funny, but it is also something that is good for our health. In the short term, it can help to relax muscles and improve blood flow, and in the long term, it can make our bodies better at fighting diseases. Researchers have been investigating how laughter evolved in humans by looking for similar behavior in other animals. A study carried out at the University of California, Los Angeles, has revealed evidence of laughter-like behavior in over 60 species.

It has long been known that chimpanzees laugh, although the sound is a little different from human laughter. When most humans laugh, they only make a noise when they breathe out, but when chimpanzees laugh, they make a noise both when they breathe out and when they breathe in. Chimpanzees are closely related to humans, so it is not really surprising that they, gorillas, and orangutans laugh. However, as these animals do not have the complicated languages needed to tell jokes, the researchers were interested to find out what makes them laugh.

The researchers found that chimpanzees made these laughing noises when they were playing roughly with each other. They believe that laughter is a chimpanzee's way of letting others know that it is not really trying to harm them. Playing allows chimpanzees and other animals to develop fighting and hunting skills as well as to build stronger relationships with the other members of their groups.

By listening for the noises made by other animals during play behavior, the researchers were able to identify "laughter" in a wide range of animals. Dogs, for example, breathe loudly when they play, and dolphins make special clicking noises. In the case of rats, the laughter-like sounds they make when they are touched gently are too high for humans to hear. However, the sounds can be detected with special equipment. The researchers have concluded that laughter began to evolve as a signal to others that they can relax and have fun. Of course, humans laugh for a variety of reasons, so researchers still have much to learn about how this behavior evolved.

(34) How are researchers trying to find out about the development of laughter in humans?

1 By searching for behavior that seems like laughter in other species.
2 By analyzing the kinds of things that people think are funny.
3 By studying the reactions of human babies from the time they are born.
4 By investigating the muscles that are used when a person laughs.

(35) How is chimpanzees' laughter different from most humans' laughter?

1 Chimpanzees make the same noises as humans do when they are surprised.
2 Chimpanzees produce sounds by breathing through their noses.
3 Chimpanzees do not only make sounds when they breathe out.
4 Chimpanzees do not breathe as slowly as humans do when they laugh.

(36) Researchers think that chimpanzees use laughter to

1 indicate that their behavior is not serious.
2 welcome new members to their groups.
3 warm their muscles up before they go hunting.
4 avoid fighting by scaring other chimpanzees away.

(37) Special equipment needs to be used in order to

1 measure the signals in humans' brains when they laugh.
2 recognize the different noises made by dolphins.
3 observe the laughter-like noises of a kind of animal.
4 identify the exact reason that a human is laughing.

(38) Which of the following statements is true?

1 The goal of play in animals is to make other members of their groups laugh.

2 Experts still have things to learn about how human laughter developed.

3 One of the benefits of laughter is that it helps people develop strong muscles.

4 Researchers have found evidence that chimpanzees actually tell each other jokes.

ライティング
● 以下の **TOPIC** について，あなたの意見とその理由を **2 つ**書きなさい。
● **POINTS** は理由を書く際の参考となる観点を示したものです。ただし，これら以外の観点から理由を書いてもかまいません。

● 語数の目安は **80 語〜100 語**です。
● 解答は，解答用紙の **B** 面にあるライティング解答欄に書きなさい。なお，解答欄の外に書かれたものは採点されません。
● 解答が **TOPIC** に示された問いの答えになっていない場合や，**TOPIC** からずれていると判断された場合は，**0 点と採点される**ことがあります。**TOPIC** の内容をよく読んでから答えてください。

TOPIC
Some people say that Japan should use the Internet for people to vote in elections. Do you agree with this opinion?

POINTS
● Convenience
● Cost
● Security

一次試験
リスニング

2級リスニングテストについて

|||| 第 1 部 |||||||||||||||||||||||||||||||||||||| ◀)) ▶MP3 ▶アプリ

No. 1
1 His friend cannot meet him for lunch.
2 He cannot order what he wanted.
3 There is no more clam chowder.
4 The salmon pasta is not very good.

No. 2
1 They often travel to Africa.
2 They were born in Kenya.
3 They enjoy looking at photographs.
4 They are no longer working.

No. 3
1 To tell her about a new restaurant.
2 To ask about what to do on her birthday.
3 To suggest that she make a reservation.
4 To ask where she ate dinner.

No. 4
1 The café is famous for it.
2 It is hot outside today.
3 A friend recommended it.
4 She is not very hungry.

No. 5
1 She is writing a book called *The Young Ones*.
2 She took the wrong train yesterday.
3 She thinks she lost his book.
4 She bought him a train ticket.

No. 6	1 They had to wait for a long time.
	2 They started feeling very tired.
	3 They took the wrong exit.
	4 They could not go inside.
No. 7	1 To meet some classmates.
	2 To get leaves for an art project.
	3 To plant some trees.
	4 To take pictures for school.
No. 8	1 She needs some more information.
	2 She forgot to call the sales department.
	3 She does not know how to write it.
	4 She does not have time to do it.
No. 9	1 It was built recently.
	2 It will be closing.
	3 It is being repaired.
	4 It makes a lot of money.
No. 10	1 Spend more time at home.
	2 Quit the company.
	3 Move closer to his office.
	4 Find a new babysitter.
No. 11	1 Attend a play this evening.
	2 Contact her son's school.
	3 Design the man's costume.
	4 Borrow a sewing machine.
No. 12	1 She was too busy to come to the phone.
	2 She works for a different company now.
	3 She was away from the office.
	4 She was out to lunch.

No. 13	1 If she knows where Mars is.
	2 If she knows a good book.
	3 If she wants to travel to space.
	4 If she can go to the library with him.
No. 14	1 News about a famous person.
	2 An interview with a band.
	3 A new rock band's music.
	4 Advertisements for a music store.
No. 15	1 It may snow heavily.
	2 It may be too late to plant her garden.
	3 The man's garden party may be canceled.
	4 Her plants may freeze.

||||| 第 2 部 ||||| 🔊 ▶MP3 ▶アプリ

No. 16	1 Whether he will be able to visit famous buildings.
	2 Working in another country.
	3 His aunt's busy travel schedule.
	4 How to spend time on a long flight.
No. 17	1 They walked fast in special competitions.
	2 They could not watch the Olympics.
	3 Race walking made their children feel a lot of stress.
	4 There were no sports clubs for them to join.
No. 18	1 She bought him a video game about hiking.
	2 She asked him about his favorite game.
	3 She took him and his friends to a gym.
	4 She created a game to play while hiking.

No. 19	1 To stop his boss from complaining.
	2 To make some extra money for himself.
	3 To help them learn about managing their money.
	4 To interest them in working at the bank.

No. 20	1 Because men from Persia started traveling there.
	2 Because sailors could buy it cheaply there.
	3 Because young girls there needed healthy food.
	4 Because people saw a cartoon character eat it.

No. 21	1 Choose a sport to play.
	2 Take his entrance exams again.
	3 Ask his teacher for a class schedule.
	4 Help his mother with housework.

No. 22	1 Buy a pet at half price.
	2 Meet a famous radio personality.
	3 Help to feed the tigers.
	4 Get cheaper admission.

No. 23	1 She practiced skating by herself.
	2 She bought some new earrings.
	3 She asked him about his hobbies.
	4 She took ice-skating lessons for two weeks.

No. 24	1 Her room was too warm.
	2 She heard noises outside.
	3 The wind was blowing through a hole in her wall.
	4 A light came in through her window.

No. 25	1 She told people how to get rid of things.
	2 She helped people to sell their homes.
	3 She fixed Internet problems for professionals.
	4 She taught ways to build stronger houses.

No. 26	1 She does not know how to walk to school.
	2 She cannot remember her father's advice.
	3 She is not good at making new friends.
	4 She may not be able to find her classroom.

No. 27	1 Brides and grooms gave each other pieces of cloth.
	2 Brides had to make colorful hats for their grooms to wear.
	3 Wedding dances there were famous all over the world.
	4 Weddings cost more money than in other countries.

No. 28	1 Everyone will start boarding the plane.
	2 The plane will take off.
	3 Special foods will be on sale.
	4 Passengers will enjoy a drink and a snack.

No. 29	1 She kept forgetting to take her medicine.
	2 She had a problem with her eyes.
	3 Her chair was the wrong size for her.
	4 Her desk lamp was too bright.

No. 30	1 Surfboards for children will be sold.
	2 There will be a surfing competition.
	3 A dance party with loud music will start.
	4 A truck will come to collect any trash.

Fake News

Photographs are used by the media because they help people to understand news stories better. Nowadays, however, photographs that contain false information can easily be created with modern technology. Some people put such photographs on the Internet, and by doing so they try to make others believe untrue stories. People should be aware that technology can be used in good and bad ways.

Your story should begin with this sentence: **One day, Ken and Sakura were talking about their favorite sea animals.**

Questions

No. 1 According to the passage, how do some people try to make others believe untrue stories?

No. 2 Now, please look at the picture and describe the situation. You have 20 seconds to prepare. Your story should begin with the sentence on the card.
<20 seconds>
Please begin.

Now, Mr. / Ms. ——, please turn over the card and put it down.

No. 3 Some people say that, because of robots, many people will lose their jobs in the future. What do you think about that?

No. 4 These days, many families in Japan have pets. Do you think it is good for children to have pets?
Yes. → Why?
No.   → Why not?

Animal Shelters

Nowadays, there are many animal shelters that care for abandoned pets. These animals are often scared of people. Now, training that helps pets get along with people is attracting attention. Some animal shelters offer such training, and in this way they make it easier for abandoned pets to find new owners. Animal shelters will probably continue to play an important role in society.

Your story should begin with this sentence: **One day, Mr. and Mrs. Sano were talking at a hotel in Thailand.**

Questions

No. 1 According to the passage, how do some animal shelters make it easier for abandoned pets to find new owners?

No. 2 Now, please look at the picture and describe the situation. You have 20 seconds to prepare. Your story should begin with the sentence on the card.
<20 seconds>
Please begin.

Now, Mr. / Ms. ——, please turn over the card and put it down.

No. 3 Some people say that animals should not be kept in zoos. What do you think about that?

No. 4 Today, many people buy things with credit cards instead of cash. Do you think this is a good idea?
Yes. → Why?
No. → Why not?

2022-2

一次試験 2022.10.9実施
二次試験 Ａ日程 2022.11.6 実施
　　　　 Ｂ日程 2022.11.13実施

Grade 2

試験時間

筆記：85分
リスニング：約25分

＊解答・解説は別冊p.41〜78にあります。
＊面接の流れは本書p.20にあります。

1 次の (1) から (20) までの (　　　) に入れるのに最も適切なものを 1, 2, 3, 4 の中から一つ選び，その番号を解答用紙の所定欄にマークしなさい。

(1) Considering that Keiko has only been studying English for six months, she gave a (　　　) good English presentation at yesterday's contest. She got second prize.

1 remarkably　**2** nervously　**3** suddenly　**4** carefully

(2) *A:* How was your vacation, Dale?
B: It was (　　　)! We had seven days of pure fun and relaxation.

1 marvelous　**2** industrial　**3** humble　**4** compact

(3) People around the world are afraid that the (　　　) between the two countries will cause a war.

1 patient　　**2** phrase　　**3** conflict　　**4** courage

(4) The baseball player Shuta Omura had to have (　　　) on his right knee in 2019, but he made a full recovery and was ready to play again in 2020.

1 recognition　**2** innocence　**3** surgery　　**4** inquiry

(5) The restaurant lost its good (　　　) after several cases of food poisoning, and eventually it had to close.

1 reputation　　**2** anticipation　**3** observation　**4** examination

(6) Sunlight is important for people to stay healthy. However, it is not good to (　　　) skin to too much sunlight.

1 protest　　**2** expose　　**3** conduct　　**4** represent

(7) After Kai broke his arm, it took about three months to (　　　) completely. Now he can play tennis again without any problems.

1 fulfill　　**2** cheat　　**3** heal　　　**4** retire

54

(8) These days, many companies are offering their employees a lot of (   ). For example, staff members can sometimes work from home or choose what time to start and finish.

1 majority   **2** similarity   **3** quantity   **4** flexibility

(9) Kevin got stuck in a snowstorm while driving home. The weather was so bad that he had to (   ) his car and walk the rest of the way.

1 maintain   **2** abandon   **3** prevent   **4** supply

(10) Laura was unhappy about being (   ) from the badminton tournament so early, but now she supports her friends during their matches.

1 committed   **2** defended   **3** eliminated   **4** imported

(11) Sarah has been told to (   ) running until her foot is better. Otherwise, she might make her injury worse.

1 read through   **2** refrain from
3 reflect on   **4** refer to

(12) *A:* How did you like the movie?
B: (   ), I enjoyed it. Even though some of the actors weren't the best, the story was great and the music was beautiful.

1 On the move   **2** In respect
3 As a whole   **4** By then

(13) *A:* What's wrong, Emily?
B: Jim made a (   ) of me in front of my friends. He said my shoes were ugly.

1 difference   **2** point   **3** fool   **4** start

(14) Jason has asked his mother several times to stop (   ) his personal life. He is upset that she wants to try to control him even though he is an adult.

1 counting on   **2** insisting on
3 comparing with   **4** interfering with

(15) *A:* It's a shame that we had to ( ) the barbecue.

B: Yes, but we can't hold a barbecue outside in the rain. We can hold it next week instead if the weather is better.

1 call off   **2** pick on   **3** fall for   **4** bring out

(16) The thief must have gotten into the building ( ) of a ladder. The only way to get in was through a second-floor window.

1 by means   **2** in charge   **3** at times   **4** for all

(17) Barney tried to teach his cat to follow some simple commands, but his efforts were ( ). Every time he told it to lie down, it just walked away.

1 of late   **2** in vain   **3** for sure   **4** by chance

(18) ( ) lived in Tokyo for three years, Cassandra knew exactly how to get to Tokyo Skytree from her apartment.

1 Having   **2** Had   **3** Have   **4** To have

(19) Somebody had broken one of the windows in Michelle's classroom. Michelle had not done it, but some of the other students looked at her ( ) she had.

1 as to   **2** as if   **3** if only   **4** if not

(20) *A:* How long does it take to drive to your parents' house?

B: There's no ( ) with traffic during the holidays. It could take thirty minutes, or it could take two hours.

1 tell   **2** telling   **3** tells   **4** told

（筆記試験の問題は次のページに続きます。）

2

[A]
Trouble at Sea

Plastic is used in a wide variety of goods. In fact, it is estimated that about 400 million tons of plastic is produced around the world each year. Much of it is designed to be used only once and then thrown away. Most of this waste is buried in the ground in landfill sites. However, a large amount (　**21**　). According to the International Union for Conservation of Nature, more than 14 million tons of plastic waste goes into the ocean each year. Plastic is strong and takes a long time to break down. For this reason, the world's oceans are quickly filling up with it.

Plastic waste causes two major problems for wildlife living in and by the ocean. First, animals sometimes get trapped by larger pieces of plastic and die because they are unable to swim freely. The other problem, however, is caused by smaller pieces of plastic. Animals often (　**22**　). A recent study found that about two-thirds of fish species and 90 percent of all seabirds have accidentally eaten tiny pieces of plastic floating in the ocean.

In response, many environmental protection organizations are making efforts to get governments to do something about the plastic in the ocean. For instance, the Center for Biological Diversity has asked the U.S. government to make laws to control plastic pollution. Such groups are also trying to educate the public about the problem. (　**23**　), people continue to throw away plastic, and the amount of plastic in the ocean continues to increase.

(21) **1** completely disappears
    2 ends up elsewhere
    3 is given to charities
    4 could be used again

(22) **1** live in large family groups
    2 have to make long journeys
    3 see these as food
    4 leave the ocean

(23) **1** In spite of this
    2 Therefore
    3 Likewise
    4 In particular

[B]
Performing Cats

Andrew Lloyd Webber is famous for writing musicals, and many of the songs he has written have become famous. Over the last 50 years, Webber has created a number of popular musicals, including *The Phantom of the Opera* and *Joseph and the Amazing Technicolor Dreamcoat*. The characters in these were taken from well-known stories that had been around for many years. One of Webber's most successful musicals is *Cats*. This features the song "Memory," the most popular one he has ever written. Like many of Webber's other musicals, though, the characters in *Cats* were (**24**).

As a child, one of Webber's favorite books was *Old Possum's Book of Practical Cats* by T. S. Eliot. This is a collection of poems that describe (**25**). For example, one of the characters likes to be the focus of everyone's attention. Another seems to be lazy during the daytime, but at night, she secretly works hard to stop mice and insects from causing trouble. Webber used the words of these poems for the songs in his musical, and he created a world in which these cats live together.

Webber began work on *Cats* in 1977, and it had its first performance in London in 1981. It was so popular that it was still being performed there 21 years later. (**26**), after its first performance on Broadway in New York City in 1982, it ran for 18 years there. *Cats* has become popular around the world. In fact, the show has been translated into 15 languages, performed in over 30 countries, and seen by more than 73 million people.

(24) **1** not very important
2 not created by him
3 difficult to like
4 based on his friends

(25) **1** the history of cats as pets
2 how to take care of cats
3 the personalities of some cats
4 how cats' bodies work

(26) **1** In any case
2 Unfortunately
3 By mistake
4 Similarly

次の英文 [A], [B], [C] の内容に関して, (27) から (38) までの質問に対して最も適切なもの, または文を完成させるのに最も適切なものを 1, 2, 3, 4 の中から一つ選び, その番号を解答用紙の所定欄にマークしなさい。

[A]

From: Michael Green <mikeyg4000@friendlymail.com>
To: Television Depot Customer Service
  <service@televisiondepot.com>
Date: October 9
Subject: ZX950 LCD TV

Dear Customer Service Representative,
After reading several excellent reviews of the ZX950 LCD TV on the Internet, I purchased one from your Television Depot online store. When the item arrived, it appeared to be in perfect condition, and I was able to set it up successfully by following the TV's instruction manual. However, once I started using it, I noticed that there was a problem.
I was unable to adjust the volume of the TV with the remote control. I tried replacing the batteries in the remote control, but this did not fix the problem. I looked through the instruction manual, but I could not find a solution. Although I can adjust the volume with the buttons on the TV, I'm sure that you can understand how inconvenient it is to do it this way.
Would it be possible to obtain a replacement remote control, or do I need to return the TV, too? It would be good if I don't need to send it back because it will be difficult to put such a large TV back into its box. I hope you are able to solve this problem in the next few days. I would very much like to use my new TV to watch the European soccer tournament that begins next weekend. I look forward to receiving your reply.
Regards,
Michael Green

(27) What is one thing that Michael Green says about the TV that he bought?

1 It was sent to him without an instruction manual.
2 It has received some positive online reviews.
3 He got it from his local Television Depot store.
4 He chose it because it was in a recent sale.

(28) What problem does Michael Green say the TV has?

1 The sound level cannot be changed with the remote control.
2 The remote control uses up its batteries in just a few hours.
3 The buttons on the TV do not seem to be working.
4 The TV sometimes turns itself off unexpectedly.

(29) Michael Green hopes the customer service representative will

1 send someone to help him put the TV back into its box.
2 solve the problem in time for him to watch a sports event.
3 tell him about tournaments sponsored by Television Depot.
4 give him instructions to allow him to fix the problem himself.

[B] *The Empress's Favorite Clothes*

The Asian country of Bangladesh is one of the largest exporters of clothes in the world. Low wages and modern techniques have allowed clothing factories in Bangladesh to produce cheap clothes. However, until the 19th century, the country produced a luxury cloth called Dhaka muslin. Many regard this cloth as the finest ever made, and it cost over 20 times more than the best silk. It was produced from cotton from a plant called *phuti karpas*. This kind of cotton can be made into very thin threads, which can be used to make incredibly soft and light cloth.

Dhaka muslin was difficult to make, but wealthy people were happy to pay the high prices demanded by the makers. The fame of this cloth spread to Europe, and the wife of Emperor Napoleon of France loved to wear dresses made from Dhaka muslin. When the area that includes Bangladesh became part of the British Empire, though, British traders put pressure on the makers of Dhaka muslin to produce more cloth at lower prices. Eventually, all the makers decided to either produce lower-quality types of cloth or quit.

In 2013, Saiful Islam, a Bangladeshi man living in London, was asked to organize an exhibition about Dhaka muslin. Islam was amazed by the high quality of this material. He wondered if it would be possible to produce Dhaka muslin again. Sadly, he could not find any *phuti karpas* plants in Bangladesh. However, using the DNA from some dried leaves of *phuti karpas* from a museum, he was able to find a species that was almost the same.

Islam harvested cotton from plants of this species, but the threads he made were too thin and broke easily. He had to mix the cotton with some from other plants. The threads made from this mixture, though, were still much thinner than normal. After a lot of hard work, Islam and his team produced some cloth that was almost as good as Dhaka muslin. He wants to keep improving the production technique. The government of Bangladesh is supporting him because it wants the country to be known as the producer of the finest cloth in the world.

(30) What is true of the cloth known as Dhaka muslin?

   1 Its thin threads are over 20 times stronger than those of silk.
   2 It stopped Bangladesh from becoming a major exporter of clothes.
   3 Modern techniques have allowed factories to produce it cheaply.
   4 Many people say it is the best kind that there has ever been.

(31) What happened as a result of the demands made by British traders?

   1 Various colors were introduced to appeal to European customers.
   2 The price of Dhaka muslin in Europe increased dramatically.
   3 Makers began to use British techniques to make better cloth.
   4 Production of high-quality Dhaka muslin stopped completely.

(32) Saiful Islam used the DNA from some *phuti karpas* leaves

   1 to find plants like the ones that were used to make Dhaka muslin.
   2 to check whether samples of Dhaka muslin were genuine or fake.
   3 to explain the evolution of Dhaka muslin at an exhibition.
   4 to create artificial Dhaka muslin in a laboratory in London.

(33) Why is the government of Bangladesh supporting Islam's efforts?

   1 It wants to make the country famous for producing high-quality cloth.
   2 It believes that his project will create new jobs for Bangladeshis.
   3 Because he will quit unless he gets additional financial support.
   4 Because he may discover a way to produce cheap clothes more easily.

[C]
Desert Delight

The Tohono O'odham people are Native Americans who come from the Sonoran Desert. In fact, the name of this tribe means "desert people" in their own language. The Sonoran Desert lies around the border between the United States and Mexico. Traditionally, the Tohono O'odham people lived in villages and grew crops such as beans, corn, and melons. They also ate some of the wild plants and animals that are found in the desert.

Although the Sonoran Desert is hot and dry, it has over 2,000 different species of plants. Hundreds of these plants are safe for people to eat. There are two reasons why the Sonoran Desert has so many species of plants. One is that it contains a variety of types of soil, and these support the growth of many kinds of plants. The other is that, although the desert is mostly dry, it rains a couple of times each year—once in the winter and once in the summer. This rain is enough for some kinds of plants to survive.

One desert plant, the saguaro cactus, is especially important to the people of the Tohono O'odham tribe. Saguaro cactuses can live for over 200 years and grow more than 15 meters tall. Once a year, around June, they produce red fruit. This fruit—the saguaro fruit—has long been a favorite food of the Tohono O'odham people. When the fruit is ready to eat, families work together to knock it down from the cactuses and collect it. The fruit is sweet and delicious when it is fresh, and it can also be turned into sauce or wine so that it can be stored for long periods.

The people of the Tohono O'odham tribe were very independent, and for a long time, they fought to keep their traditional way of life. However, in the early 20th century, the U.S. government forced them to change their lifestyle. It sent Tohono O'odham children to schools to make them learn English and forget their own culture. Many stopped following their traditional way of life. Recently, though, some Tohono O'odham people have begun bringing back their tribe's endangered traditions, including collecting and eating saguaro fruit.

(34) What is true about the Tohono O'odham people of North America?

1 They used to protect the border between Mexico and the United States.

2 They lived in small communities and kept farms in a dry area.

3 They ate wild plants and animals instead of growing their own food.

4 They were forced to leave their homes and live in the Sonoran Desert.

(35) What is one reason that over 2,000 different types of plants can survive in the Sonoran Desert?

1 The sunshine in the area means that some plants can actually grow better there.

2 The Sonoran Desert gets enough rain twice a year to allow the plants to grow.

3 There are few human beings or wild animals living in the region that eat them.

4 There is one kind of soil in the desert that almost any plant can grow in.

(36) The saguaro cactus

1 produces fruit that the local people have enjoyed for a long time.

2 was discovered by the Tohono O'odham people about 200 years ago.

3 has roots that grow 15 meters below the ground to reach water.

4 is best to eat with a special sauce made from traditional wine.

(37) Why did many Tohono O'odham people stop following their traditions?

1 The U.S. government wanted them to behave more like other U.S. citizens.

2 The U.S. government offered them opportunities to travel overseas to study.

3 They wanted their children to study English so that they could enter good schools.

4 They lost their independence after a war that took place in the early 20th century.

(38) Which of the following statements is true?

1 The method of collecting saguaro fruit is endangering the plants that it grows on.

2 The name of the Tohono O'odham tribe comes from its people's favorite food.

3 The soil in the Sonoran Desert is different in the winter and in the summer.

4 The Tohono O'odham people have a tradition of collecting fruit in family groups.

ライティング
- ●以下の **TOPIC** について，あなたの意見とその<u>理由を 2 つ</u>書きなさい。
- ●**POINTS** は理由を書く際の参考となる観点を示したものです。ただし，これら以外の観点から理由を書いてもかまいません。
- ●語数の目安は **80** 語〜**100** 語です。
- ●解答は，解答用紙の **B** 面にあるライティング解答欄に書きなさい。なお，<u>解答欄の外に書かれたものは採点されません。</u>
- ●解答が **TOPIC** に示された問いの答えになっていない場合や，**TOPIC** からずれていると判断された場合は，<u>0 点と採点されることがあります。</u>**TOPIC** の内容をよく読んでから答えてください。

TOPIC

Some people say that Japan should accept more people from other countries to work in Japan. Do you agree with this opinion?

POINTS
- Aging society
- Culture
- Language

リスニング

２級リスニングテストについて

1 このリスニングテストには，第 1 部と第 2 部があります。
★英文はすべて一度しか読まれません。
第 1 部：対話を聞き，その質問に対して最も適切なものを 1, 2, 3, 4 の中から一つ選びなさい。
第 2 部：英文を聞き，その質問に対して最も適切なものを 1, 2, 3, 4 の中から一つ選びなさい。

2 No. 30 のあと，10 秒すると試験終了の合図がありますので，筆記用具を置いてください。

‖‖‖ 第 1 部 ‖‖ ◀)) ▶MP3 ▶アプリ

No. 1
1 She lost her map.
2 She is too tired to walk any farther.
3 She cannot find her friend's house.
4 She does not like her neighbors.

No. 2
1 Red wine is her favorite.
2 Her friend does not like French wine.
3 She drank a lot of wine in France.
4 She does not want to spend too much money.

No. 3
1 Call another restaurant.
2 Drive to the supermarket.
3 Make a sandwich for lunch.
4 Go to pick up some food.

No. 4
1 She is sick in bed at home.
2 She gave Eddie her cold.
3 She will leave the hospital in a few days.
4 She got medicine from her doctor.

No. 5
1 He will visit another friend.
2 He has to work on Saturday night.
3 He does not feel well.
4 He is not invited.

69

No. 6	1 She takes music lessons.
	2 She goes bowling with her friends.
	3 She helps her cousin with homework.
	4 She learns to ride horses.

No. 7	1 A shirt with a bear on it.
	2 A soft pillow.
	3 A big teddy bear.
	4 A bed for her son.

No. 8	1 Changing its soil.
	2 Putting it in a bigger pot.
	3 Giving it more light.
	4 Giving it less water.

No. 9	1 Buy meat.
	2 Call his friend.
	3 Go to the party.
	4 Come home early.

No. 10	1 He will write to the publisher.
	2 He will go to another store.
	3 He will use the Internet.
	4 He will look in his basement.

No. 11	1 She was frightened by a dog.
	2 She hurt her leg while running.
	3 She walked her dog for a long time.
	4 She does not go running often.

No. 12	1 He waits to be told what to do.
	2 He is a great history student.
	3 He wants to do the report alone.
	4 He can be a lazy person.

No. 13	1 Their championship parade was canceled.
	2 Their manager is changing teams.
	3 They have not been playing well.
	4 They do not have a nice stadium.

No. 14	1 Somewhere with few people.
	2 Somewhere near his home.
	3 To several cities in Europe.
	4 To a beach resort in Mexico.

No. 15	1 A baseball game is on TV tonight.
	2 The town will build a new town hall.
	3 He should go to the meeting with her.
	4 He should take the children to the park.

||||| 第 2 部 |||||||||||||||||||||||||||||||||||||||||||||||||||||||||||| ◀» ▶MP3 ▶アプリ

No. 16	1 It is too big for her.
	2 It uses too much gasoline.
	3 She needs one that is easier to drive.
	4 She wants one with more doors.

No. 17	1 Some men wore them to look thin.
	2 They could not be worn in England.
	3 Women could not wear them in public.
	4 Wearing them caused pain in people's backs.

No. 18	1 Read comic books at a café.
	2 Clean her kitchen.
	3 Work part-time.
	4 Relax at home.

No. 19	1 It was easy to play at first.
	2 It had horses that could fly.
	3 She could play with her friend.
	4 She could play it several times.

No. 20	1 He had to give information about an accident.
	2 He woke up too late to catch his train.
	3 He had a problem with his bicycle.
	4 He could not find his bicycle in the parking space.

No. 21	1 It was buried together with a prince.
	2 It had flower decorations from Siberia on it.
	3 It was made by a family in Persia.
	4 It had been in one family for many years.

No. 22	1 To move some old things.
	2 To clean her kitchen windows.
	3 To show her how to use her computer.
	4 To help her to do some cooking.

No. 23	1 He saw them being used at an office.
	2 He saw an ad for them on the train.
	3 He read about them in a magazine.
	4 He heard about them from his boss.

No. 24	1 They were decorated with different colors.
	2 They were made for different purposes.
	3 They were sold at different events.
	4 They were served with different meals.

No. 25	1 By the exit on the first floor.
	2 By the stairs on the second floor.
	3 Next to the computers on the third floor.
	4 Next to the cameras on the fourth floor.

No. 26	1 By drinking a lot of donkey milk every day.
	2 By washing their bodies with donkey milk.
	3 By eating the meat of young donkeys.
	4 By spending time looking after donkeys.

No. 26

1 By drinking a lot of donkey milk every day.
2 By washing their bodies with donkey milk.
3 By eating the meat of young donkeys.
4 By spending time looking after donkeys.

No. 27

1 Ask people about their favorite restaurants.
2 Search for a restaurant online.
3 Open a restaurant in her area.
4 Go and take a look at a restaurant.

No. 28

1 Staff will be hired to greet new members.
2 Members can get free protein bars.
3 New exercise machines are coming soon.
4 The fitness center will close in an hour.

No. 29

1 She came home later than she promised.
2 She had forgotten to feed her pet.
3 She had not cleaned the kitchen.
4 She had not done her homework.

No. 30

1 People who bring their pets to the store.
2 People who drive to the supermarket.
3 Customers with a lot of shopping bags.
4 Customers who live less than 5 kilometers away.

A Shortage of Doctors

Nowadays, some parts of Japan do not have enough doctors. It is said that many doctors prefer to work in cities, and this can cause problems for people living in rural areas. A shortage of doctors will prevent these people from receiving good medical treatment, so it is a serious issue. Many people say the government needs to do more about this situation.

Your story should begin with this sentence: **One day, Mr. and Mrs. Kato were talking about going to the beach.**

Questions

No. 1   According to the passage, why is a shortage of doctors a serious issue?

No. 2   Now, please look at the picture and describe the situation. You have 20 seconds to prepare. Your story should begin with the sentence on the card.
<20 seconds>
Please begin.

Now, Mr. / Ms. ——, please turn over the card and put it down.

No. 3   Some people say that young people today do not show enough respect to elderly people. What do you think about that?

No. 4   Today, some young people rent a house and live in it together. Do you think sharing a house with others is a good idea for young people?
Yes.   → Why?
No.   → Why not?

Promoting New Products

Today, some high-quality products are very expensive, so many people worry about whether they should buy them or not. Now, systems that allow people to rent a variety of products monthly are attracting attention. Some companies offer such systems, and by doing so they let people try items before buying them. With such systems, companies can promote their products more effectively.

Your story should begin with this sentence: **One evening, Mr. and Mrs. Kimura were talking about renting a car and going camping by a lake.**

Questions

No. 1   According to the passage, how do some companies let people try items before buying them?

No. 2   Now, please look at the picture and describe the situation. You have 20 seconds to prepare. Your story should begin with the sentence on the card.
<20 seconds>
Please begin.

Now, Mr. / Ms. ——, please turn over the card and put it down.

No. 3   Some people say that, because of electronic money, people will not carry cash in the future. What do you think about that?

No. 4   Some people put solar panels on their houses to produce electricity. Do you think the number of these people will increase in the future?
Yes.   → Why?
No.   → Why not?

2022-1

一次試験 2022.6.5実施
二次試験 A日程 2022.7. 3 実施
　　　　 B日程 2022.7.10実施

Grade 2

試験時間

筆記：85分
リスニング：約25分

＊解答・解説は別冊p.79〜116にあります。
＊面接の流れは本書p.20にあります。

CBT体験サービス対応

2022年度第1回（従来型）の問題はCBT形式でも体験できます。
PCから以下のURLにアクセスしてください（本書p.10参照）。

https://eiken-moshi.obunsha.co.jp/

1 次の (1) から (20) までの (　　　) に入れるのに最も適切なものを 1, 2, 3, 4 の中から一つ選び, その番号を解答用紙の所定欄にマークしなさい。

(1) Last week, Shelly went to see a horror movie. It was about a strange (　　　) that was half shark and half man.
　　1 creature　　**2** mineral　　**3** package　　**4** instrument

(2) After high school, Ted joined the (　　　) so that he could serve his country. He felt proud when he put on his army uniform for the first time.
　　1 affair　　**2** emergency　　**3** container　　**4** military

(3) Reika's dream is to work for a famous French restaurant in Tokyo. She is trying to (　　　) this by going to a cooking school.
　　1 decrease　　**2** unite　　**3** overwhelm　　**4** accomplish

(4) Arthur was going to sell his café. However, he (　　　) his decision because he started to get more customers after a new college opened nearby.
　　1 abused　　**2** secured　　**3** reversed　　**4** stimulated

(5) Frank did not have (　　　) time to write his report, so he asked his boss if he could have a few more days to finish it.
　　1 possible　　**2** delicate　　**3** financial　　**4** sufficient

(6) There was a fire at a restaurant in Brigston City yesterday. No one was hurt, but the building was (　　　) damaged. The owners will have to build a new one.
　　1 mentally　　　　　　　　**2** intelligently
　　3 annually　　　　　　　　**4** severely

(7) Beth was invited to a wedding party last week. She did not want to go by herself, so she asked her friend Jeremy to (　　　) her.
　　1 restrict　　**2** distribute　　**3** accompany　　**4** promote

(8) The SOL-5 rocket will leave Earth tomorrow. The astronauts'
(   ) is to repair a weather satellite.
1 foundation   **2** impression   **3** definition   **4** mission

(9) In chemistry class, the students added a small amount of acid to
water. Then, they used this (   ) to carry out an experiment.
1 mixture   **2** climate   **3** entry   **4** moment

(10) It was raining very hard in the morning, so the government had
to wait to (   ) the rocket into space.
1 elect   **2** impact   **3** sweep   **4** launch

(11) During history class, Aiden noticed that Risa did not have her
notebook. He (   ) some paper from his notebook and gave
it to her so that she could take notes.
1 tore off   **2** relied on
3 answered back   **4** broke out

(12) Derek (   ) winning his company's golf tournament.
However, he played a bad shot on the last hole, and he ended up
finishing second.
1 came close to   **2** made fun of
3 took pride in   **4** found fault with

(13) Mr. Griffith warned his students that they would get extra
homework if they kept talking in class. He (   ) with his
threat because they would not be quiet.
1 followed through   **2** went over
3 got through   **4** turned over

(14) *A:* Guess who I just (   ). Do you remember Gina from
college?
B: Oh, yes. I met her the other day, too. It seems she works in
the same building as us.
1 hoped for   **2** ran into
3 looked over   **4** complied with

(15) Since changing jobs, Neil has been much more (   ) his work-life balance. He is enjoying his new position, but he is also glad that he can spend more time with his family and friends.

1 separate from   **2** content with
3 based on   **4** equal to

(16) *A:* Mom, is it OK if I invite a couple of friends to the barbecue on Saturday?
    B: (   ). There should be more than enough for everyone to eat and drink.

1 In any case   **2** At any rate
3 By all means   **4** On the whole

(17) Alison hates it when her baby brother goes into her room. He always (   ) with her things, and she has to clean up afterward.

1 makes an effort   **2** makes a mess
3 takes a chance   **4** takes a rest

(18) After getting the first prize in the presentation competition, Kevin said in his speech that (   ) for his wife's help, he never would have won.

1 with   **2** but   **3** along   **4** over

(19) Sean has an important meeting early tomorrow morning, so he (   ) better not stay up late tonight.

1 may   **2** would   **3** had   **4** should

(20) *A:* Nicky, you're graduating from high school next year. It's time you (   ) thinking about which university you want to go to.
    B: You're right, Dad, but I still don't know what I want to be in the future.

1 started   **2** will start   **3** starting   **4** to start

（筆記試験の問題は次のページに続きます。）

[A]
An Answer in a Teacup

As in many other countries, people in India are concerned about the problem of plastic waste. After all, the country produces 5.6 billion kilograms of it every year. The system for managing plastic waste needs improvement because a lot of plastic ends up as trash on land and in waterways such as the Ganges River. In response, the Indian government planned to introduce a ban on plastic items that could only be used once. (　**21**　), though, the government was forced to change its plans because of the condition of the economy and worries about an increase in unemployment.

Nevertheless, there is one kind of situation where the use of plastic has come to an end. All 7,000 railway stations in India have replaced plastic teacups with brown clay teacups called *kulhads*. Long before plastic cups were used in India, people enjoyed drinking tea in these traditional cups. The minister for railways in India ordered railway stations to (　**22**　) *kulhads*. By doing so, he hopes the country will take an important step toward ending plastic waste.

There are several reasons why *kulhads* are better than plastic teacups. First, after they have been thrown away, they soon break down into substances that do not harm the environment. Second, the clay that *kulhads* are made from actually improves the flavor of the tea. Finally, using *kulhads* (　**23**　). Plastic cups are made with machines, but *kulhads* are made by hand. The Indian government estimates that hundreds of thousands of people will get extra work because of this change.

(21) **1** In the end
     2 Moreover
     3 For one thing
     4 Overall

(22) **1** provide trash cans for
     2 use less plastic in
     3 only sell tea in
     4 charge more for

(23) **1** will create jobs
     2 costs less money
     3 is better for people's health
     4 is just the beginning

[B]
More than Just a Pretty Bird

Parrots are smart and sometimes very colorful birds. They are popular as pets and can often be seen in zoos. Unfortunately, about one-third of parrot species in the wild are in danger of dying out. Examples include hyacinth macaws and Lear's macaws. Each year, some of these birds are caught and sold illegally as pets. (24   ), many are dying because the forests where they live are being cleared to create farmland and to get wood. This has reduced the size of the areas in which they can build nests and collect food.

A study published in the journal *Diversity* revealed that hyacinth macaws and Lear's macaws play an important role in the forests. Researchers studying these parrots in Brazil and Bolivia found that they spread the seeds of 18 kinds of trees. They observed the birds taking fruits and nuts from trees and carrying them over long distances. The birds do this so that they can eat the fruits and nuts later. However, they (25   ). When this happens in areas cleared by humans, the seeds inside the fruits and nuts grow into trees, helping the forests to recover.

Today, conservation groups are working hard to protect hyacinth macaws and Lear's macaws. One difficulty is that these parrots (26   ). An important reason for this is that their eggs are often eaten by other birds. To prevent this, macaw eggs are sometimes removed from their nests by scientists and replaced with chicken eggs. The scientists keep the eggs safe. After the macaw chicks come out of their eggs, they are returned to their parents.

(24) **1** On the contrary
 2 Under this
 3 What is worse
 4 Like before

(25) **1** often go back for more
 2 sometimes drop them
 3 also eat leaves and flowers
 4 bring them to their nests

(26) **1** do not build nests
 2 are not easy to catch
 3 have poor hearing
 4 lose many babies

次の英文 [A], [B], [C] の内容に関して, (27) から (38) までの質問に対して最も適切なもの, または文を完成させるのに最も適切なものを 1, 2, 3, 4 の中から一つ選び, その番号を解答用紙の所定欄にマークしなさい。

[A]

From: Noel Lander <noel@coffeeshopsupplies.com>
To: Gary Stein <thedaydreamcoffeeshop@goodmail.com>
Date: June 5
Subject: Your order

Dear Mr. Stein,

Thank you for placing an order by telephone with Jenna Marks of our sales department this morning. The order was for 500 medium-sized black paper cups with your café's name and logo printed on them. According to Jenna's notes on the order, you need these cups to be delivered to you by Saturday.

I am sorry to say that we do not have any medium-sized black coffee cups at this time. What is more, the machine that makes our coffee cups is currently not working. The part that is broken was sent for repair the other day, but it will not be returned to our factory until Friday. Because of this, I am writing to you to suggest some alternatives.

If you really need black cups, then we have them in small and large sizes. However, I guess that size is more important than color for you. We have medium-sized coffee cups in white, and we could print your logo on these instead. We also have medium-sized cups in brown. We are really sorry about this problem. Please let us know which of these options is best, and we'll send you an additional 50 cups for free. Our delivery company says we will need to send the order by Wednesday so that it arrives by Saturday. Please let me know your decision as soon as you can.

Sincerely,
Noel Lander
Customer Support
Coffee Shop Supplies

(27) This morning, Jenna Marks

    1 wrote down the wrong name on Mr. Stein's order.
    2 gave a customer the wrong delivery date.
    3 contacted the sales department by telephone.
    4 took an order for cups for Mr. Stein's café.

(28) According to Noel Lander, what is the problem with the order?

    1 His company does not have the cups that Mr. Stein wants.
    2 His company's machine cannot print Mr. Stein's logo.
    3 The cups cannot be delivered to Mr. Stein until Friday.
    4 The cups were lost by the delivery company the other day.

(29) What does Noel Lander suggest to Mr. Stein?

    1 Ordering more than 50 cups next time.
    2 Using cups that are white or brown.
    3 Offering his customers free coffee.
    4 Buying his cups from another company.

[B]
Tweed

Tweed is the name given to a type of thick cloth that was first developed by farmers in Scotland and Ireland. Long pieces of wool are dyed different colors and then put together to make a cloth with a pattern. The weather in Scotland and Ireland is often cold and wet, so this warm, waterproof material was very popular with the farmers as they worked in the fields.

Tweed did not become well known outside farming communities until the 19th century. At that time, wealthy English people were buying large areas of land in Scotland. These were known as estates, and they were used by their owners for hunting and fishing. Hunters became interested in tweed because it is mainly brown, green, or gray, so wild animals find it difficult to see people wearing clothes made of the material. The wealthy English owners began having patterns of tweed made for their estates. After Queen Victoria's husband, Prince Albert, had a unique pattern made for the people on a royal estate in Scotland, the cloth became famous throughout the United Kingdom.

Clothes made from tweed became standard items for wealthy people to wear in the countryside. Men would wear blue or black suits when doing business in towns and cities, and tweed suits when they went to relax on their estates. Ordinary people began to imitate them by wearing tweed for outdoor hobbies such as playing golf or cycling. The fashion for wearing tweed also spread to the United States and the rest of Europe, and tweed became even more popular in the 20th century when various famous fashion designers used it for their clothes.

Tweed remained fashionable for many years, though by the start of the 21st century, its popularity had dropped. However, tweed is now starting to become popular once more. One reason for this is that it does little harm to the environment. In addition to being made from natural wool, it is strong enough to last for a very long time, so people do not often need to buy new clothes. Indeed, some wealthy people in the United Kingdom still wear their grandparents' tweed suits.

(30) Tweed was popular with farmers in Scotland and Ireland because

1 it helped keep them warm and dry while they were outside.
2 it helped them to make some money in their free time.
3 it allowed them to use any extra wool they produced.
4 it allowed them to teach their culture to younger people.

(31) How did Prince Albert help to make tweed well-known?

1 He often went hunting on land owned by farmers in Scotland.
2 He bought an estate in Scotland where there was a tweed factory.
3 He was seen wearing it while traveling in Scotland.
4 He ordered a special tweed pattern for an estate in Scotland.

(32) Ordinary people wore tweed when they were

1 doing business in towns and cities.
2 visiting the United States and Europe.
3 trying to show that they were farmers.
4 enjoying leisure activities outside.

(33) What is one reason that tweed does little harm to the environment?

1 It does not release harmful smoke when it is burned.
2 It does not become dirty easily and needs little washing.
3 It is tough enough for people to wear it for many years.
4 It is made by hand in small factories run by families.

[C]
Clues from the Distant Past

Humans who lived before the development of farming left many stone objects behind. These objects are usually parts of tools or weapons, and they show us how these people obtained their food. However, less is known about other parts of their culture. The other source of information we have from this period is paintings on the walls inside caves. These are mostly hunting scenes, so while they show that early humans lived in groups, they do not show that early humans participated in other social activities, such as religious ceremonies.

The lack of evidence led many historians to believe that religions did not develop until humans started to build farms and live in villages. A recent discovery, though, suggests that religious beliefs may have existed before this time. The Shigir Idol is a tall wooden statue that has faces and symbols carved into it. Experts say that it is very likely that these symbols express religious beliefs about the gods they worshipped.

The Shigir Idol was actually found in Russia in 1890. For a long time, people did not know how old it was, but analysis of the wood in the last few years has revealed that it was made around 12,500 years ago—long before humans in the area began farming. The statue was made in several pieces so that it could be taken down and set up again in a different place as the humans who owned it moved around. Unfortunately, some pieces were lost during the early 20th century and only drawings of them remain.

At some point in history, the Shigir Idol fell into a kind of mud that kept it safe for thousands of years. The conditions in which it was found are very rare. Indeed, no other wooden statues of a similar age have been discovered. Judging from the quality of the Shigir Idol, early humans were skilled at making things from wood. However, few wooden items have survived. Despite this, the Shigir Idol has shown historians that early humans had more advanced cultures than people once thought and that they probably also had religions.

(34) What can be learned from the stone objects left behind by early humans?

1 Whether or not they lived in caves.
2 How they were able to get things to eat.
3 Where their groups originally came from.
4 Which kinds of animals they used to hunt.

(35) The Shigir Idol is a wooden statue that

1 has the faces of famous historical leaders carved into it.
2 may show that early humans believed in the existence of gods.
3 is a symbol of the importance of farming to early humans.
4 was probably at the center of one of the first human villages.

(36) What is one thing that has been recently discovered about the Shigir Idol?

1 The humans who owned it made drawings that show how to set it up.
2 Some of the pieces that make up the statue have never been found.
3 The statue can be put together in a number of different ways.
4 It was made by people who had not yet begun growing their own food.

(37) Why is the discovery of the Shigir Idol likely to be a unique event?

1 Because the kind of mud in the area where it was found makes digging difficult.
2 Because early humans often destroyed the religious statues made by other groups.
3 Because few early people had the skills to make something like the Shigir Idol.
4 Because wood survives for thousands of years only in very special conditions.

(38) Which of the following statements is true?

1 The Shigir Idol shows there was cultural exchange between groups of early humans.
2 Paintings in caves show early humans participating in religious ceremonies.
3 Historians have believed for a long time that humans have always had religions.
4 The age of the Shigir Idol was a mystery for many years after it was discovered.

ライティング
●以下の **TOPIC** について，あなたの意見とその理由を **2** つ書きなさい。
●**POINTS** は理由を書く際の参考となる観点を示したものです。ただし，これら以外の観点から理由を書いてもかまいません。
●語数の目安は **80** 語～**100** 語です。
●解答は，解答用紙の **B** 面にあるライティング解答欄に書きなさい。なお，解答欄の外に書かれたものは採点されません。
●解答が **TOPIC** に示された問いの答えになっていない場合や，**TOPIC** からずれていると判断された場合は，**0** 点と採点されることがあります。**TOPIC** の内容をよく読んでから答えてください。

TOPIC
Some people say that it is necessary for people to go to important historical sites in order to understand history better. Do you agree with this opinion?

POINTS
● Experience
● Motivation
● Technology

一次試験
リスニング

2級リスニングテストについて

1 このリスニングテストには，第1部と第2部があります。
★英文はすべて一度しか読まれません。
第1部：対話を聞き，その質問に対して最も適切なものを1, 2, 3, 4の中から一つ選びなさい。
第2部：英文を聞き，その質問に対して最も適切なものを1, 2, 3, 4の中から一つ選びなさい。

2 No. 30のあと，10秒すると試験終了の合図がありますので，筆記用具を置いてください。

第1部　　　　　🔊　▶MP3 ▶アプリ

No. 1
1 When the last train is.
2 How to get to City Station.
3 Whether he can change rooms.
4 What room his clients are in.

No. 2
1 Playing sports with friends.
2 Driving with his mother.
3 Riding his bicycle.
4 Talking to Cathy.

No. 3
1 She took her cat to a hospital.
2 She ran all the way to work this morning.
3 She got up early to clean her kitchen.
4 She had to look for her cat last night.

No. 4
1 He gave his old one to a friend in class.
2 He lost his old one at the aquarium.
3 He needed a bigger one for art class.
4 He wanted one with a different picture on it.

No. 5
1 By cleaning her room.
2 By buying more tissues.
3 By talking to the building manager.
4 By asking her friend for help.

No. 6	1 A chair that will match her desk.
	2 A new desk for her room.
	3 A wooden shelf for her books.
	4 Metal furniture for her room.

No. 7	1 Delivering the mail.
	2 Checking his mailbox.
	3 Picking up his new license.
	4 Getting a package.

No. 8	1 The time of the wedding has been changed.
	2 The wedding plans are not finished yet.
	3 The honeymoon was not enjoyable.
	4 The honeymoon plans were made six weeks ago.

No. 9	1 She is taking a class.
	2 She has started her own business.
	3 She will call the woman.
	4 She moved to a different street.

No. 10	1 She will be working late until next month.
	2 She will not speak with Mr. Donaldson.
	3 She has never made a presentation before.
	4 She has almost finished writing a presentation.

No. 11	1 Wait for Lorie to call.
	2 Call Lorie again.
	3 Eat dinner at home.
	4 Go out with his parents.

No. 12	1 It is the last day of the exhibition.
	2 It is nearly closing time.
	3 Exhibition tickets will sell out soon.
	4 The museum shop is having a special sale.

No. 13
1 She must cook dinner that night.
2 She has to take care of a baby.
3 She is going out with her sister.
4 She will be working late.

No. 14
1 Pay more attention in science class.
2 See Ms. Wilson after school.
3 Work harder in his math class.
4 Try to find a new math tutor.

No. 15
1 Move to Germany.
2 Eat lunch with the man.
3 Find out where the man is going.
4 Have lunch at a good restaurant.

第 2 部 ◀)) ▶MP3 ▶アプリ

No. 16
1 She did not feel active anymore.
2 Her foot did not get better.
3 There were too many people there.
4 The instructor there was too strict.

No. 17
1 He will hand in reports on Fridays.
2 He will stop working from home.
3 There will be less time to make reports.
4 The staff meeting will move to Wednesdays.

No. 18
1 They wanted to feed it to animals.
2 They needed something sweet to eat.
3 They could not find enough sausages.
4 They did not want to waste animal parts.

No. 19
1 He broke his smartphone.
2 He got lost at night.
3 He had no place to put up his tent.
4 He could not help his friend.

No. 20
1 People from Panama named their country after them.
2 They can keep people's heads warm during winter.
3 Each one takes a long time and special skills to make.
4 There are many colors to choose from.

No. 21
1 By looking for another job.
2 By working less on weekends.
3 By buying less bread.
4 By talking to her manager.

No. 22
1 It would be easier to sell than a car.
2 It would need less space than a car.
3 His wife wanted one to keep in her car.
4 His daughter liked it more than a car.

No. 23
1 By coming to the store early.
2 By introducing a new member.
3 By using the new computers.
4 By buying some coffee.

No. 24
1 She got advice from a lawyer.
2 She was given a yoga mat by a friend.
3 She has been suffering from stress.
4 She plans to write an article about it.

No. 25
1 The soldiers thought zoot suits used too much material.
2 The military used zoot suits when flying in airplanes.
3 The young men did not want to work in suit stores.
4 The businessmen could no longer wear suits.

No. 26	1 There was an advertisement at her school. 2 A teacher told her about a course. 3 She wanted to experience high school life overseas. 4 Her classmates said it would be fun.
No. 27	1 They trade alcoholic drinks for it. 2 They cut open a part of a tree. 3 They buy it at stores in cities. 4 They mix coconut leaves with water.
No. 28	1 Join a party in the lobby. 2 Enjoy free food and drinks. 3 Present flowers to dancers. 4 Hear a 20-minute talk about ballet.
No. 29	1 She will paint the walls. 2 She will remove a cabinet. 3 She will move the fridge. 4 She will get a bigger oven.
No. 30	1 The station opened a new platform. 2 Entrance B2 is closed for repairs. 3 A bag has been found by a staff member. 4 The first floor is being cleaned.

問題カード（A日程）

■)) ▶MP3 ▶アプリ

Learning about Food

These days, many people are paying more attention to food safety. Because of this, food companies around Japan are trying to let customers know more about their products. Many of these companies use their websites to provide information about how food is produced. Customers check such information, and by doing so they learn more about the food products they purchase.

Your story should begin with this sentence: **One day, Miki was talking to her father in the kitchen.**

Questions

No. 1 According to the passage, how do customers learn more about the food products they purchase?

No. 2 Now, please look at the picture and describe the situation. You have 20 seconds to prepare. Your story should begin with the sentence on the card.
<20 seconds>
Please begin.

Now, Mr. / Ms. ——, please turn over the card and put it down.

No. 3 Some people say that people trust information on the Internet too easily. What do you think about that?

No. 4 Today, there are some Japanese restaurants in foreign countries. Do you think the number of these restaurants will increase in the future?
Yes.   → Why?
No.   → Why not?

問題カード（B日程）

Protecting Important Sites

Nowadays, more places are being listed as World Heritage sites. However, many natural disasters are happening around the world. Some World Heritage sites have been seriously damaged by them, so they require a lot of work to repair. Communities need to work together to keep World Heritage sites in good condition. It is important to look after such sites for future generations.

Your story should begin with this sentence: **One day, Mr. and Mrs. Ito were talking about their trip.**

Questions

No. 1   According to the passage, why do some World Heritage sites require a lot of work to repair?

No. 2   Now, please look at the picture and describe the situation. You have 20 seconds to prepare. Your story should begin with the sentence on the card.
<20 seconds>
Please begin.

Now, Mr. / Ms. ——, please turn over the card and put it down.

No. 3   Some people say that we should control the number of tourists who visit beautiful places in nature. What do you think about that?

No. 4   Today, many schools give students time to do volunteer activities. Do you think schools should give time for students to do volunteer activities?
Yes.   → Why?
No.   → Why not?

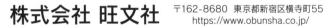

文部科学省後援

英検®2級
3回過去問集

別冊解答

英検®は、公益財団法人 日本英語検定協会の登録商標です。

旺文社

文部科学省後援

英検®2級
3回過去問集

別冊解答

旺文社

もくじ

Contents

正答率 ★75%以上 は，旺文社「英検®一次試験 解答速報サービス」において回答者の正答率が 75%以上だった設問を示しています。

2022-3

解 答 一 覧

一次試験・筆記

1

(1)	3	(8)	3	(15)	1
(2)	1	(9)	2	(16)	4
(3)	3	(10)	2	(17)	3
(4)	1	(11)	1	(18)	1
(5)	1	(12)	2	(19)	3
(6)	4	(13)	3	(20)	3
(7)	4	(14)	1		

2 A

(21)	3
(22)	4
(23)	2

2 B

(24)	3
(25)	1
(26)	3

3 A

(27)	1
(28)	1
(29)	3

3 B

(30)	4
(31)	1
(32)	2
(33)	4

3 C

(34)	1	(36)	1	(38)	2
(35)	3	(37)	3		

4　解答例は本文参照

一次試験・リスニング

第1部

No. 1	2	No. 6	1	No.11	4
No. 2	4	No. 7	2	No.12	3
No. 3	2	No. 8	1	No.13	2
No. 4	2	No. 9	2	No.14	3
No. 5	3	No.10	1	No.15	4

第2部

No.16	4	No.21	1	No.26	3
No.17	1	No.22	4	No.27	1
No.18	2	No.23	1	No.28	4
No.19	3	No.24	2	No.29	2
No.20	4	No.25	1	No.30	2

(1) ― 解答 **3** ･･････････････････････････････････ 正答率 ★**75%以上**

> 訳 ジュンは彼の娘に牛乳，クリーム，砂糖，メイプルシロップを使って家でアイスクリームを作る簡単な方法を教えた。

> 解説 空所前の「彼の娘に教えた」や空所後の「アイスクリームを作ること」といった表現から，method「方法」を選ぶのが最も自然である。cure「治療」，register「登録」，slice「一切れ」

(2) ― 解答 **1** ･･

> 訳 近ごろの会社は信じられないくらい小さなカメラを作っている。シャツのボタンよりもさらに小さいものもある。

> 解説 第2文に「シャツのボタンよりもさらに小さい」という説明があることから，そのカメラは incredibly「信じられないくらい」小さいということが推測できる。partially「部分的に」，eagerly「熱心に」，consequently「その結果として」

(3) ― 解答 **3** ･･

> 訳 シルバーシティの北側の地域にはほとんど家がない。それは工場と倉庫でいっぱいの工業地帯である。

> 解説 第1文の「ほとんど家がない」という記述から，そこは industrial「工業の」地帯であることがわかる。emergency「緊急の」，instant「即時の」，environmental「環境の」

(4) ― 解答 **1** ･･････････････････････････････ 正答率 ★**75%以上**

> 訳 A：テツヤ，明日は雨が降ると思う？
> B：そうは思わないな。雨季は終わっているし，今週はずっと晴れているしね。

> 解説 明日は雨が降ると思うかどうかを聞かれて，「雨季は終わっているし，今週はずっと晴れている」，と答えていることから，テツヤは雨が降ることを doubt「疑っている」ことがわかる。I doubt it. で，「そうは思わない，それはどうかな」という意味になる。blame「〜を非難する」，pardon「〜を許す」，affect「〜に影響を及ぼす」

(5) ― 解答 **1** ･･

> 訳 A：最近，オフィスがとても静かなのはなぜなの？
> B：エイミーとベンが口論をして以来，彼らの間にかなりの緊張が続いているんだ。

> 解説 エイミーとベンが口論をしたということから，2人の間に tension「緊張した状態」が起きていることが推測できる。survival「生き延びること」，privacy「プライバシー」，justice「正義」

(6) ─解答 **4** ··

訳　ジュリーの先生は生徒全員に新しい教科書を配るよう彼女に頼んだ。彼女は教室内のそれぞれの机に 1 冊ずつ置かなければならなかった。

解説　第 2 文に教科書をそれぞれの机に 1 冊ずつ置くという記述があることから，distribute「～を配る」が自然である。respond「答える」，negotiate「交渉する」，collapse「崩れる」

(7) ─解答 **4** ··

訳　A：君の先生は君の科学のプロジェクトのアイデアを承認したの？
　　B：いいや。危険な化学物質を含むことは何もしてはいけないと先生は言うんだ。僕は何かほかのことを考えなければならないよ。

解説　B が「何かほかのことを考えなければならない」と言っていることから，先生がプロジェクトのアイデアを認めなかったことが推察できる。ゆえに approve「～を承認する」が正解。confine「～を制限する」，compare「～を比較する」，abandon「～を見捨てる」

(8) ─解答 **3** ··

訳　A：それは君がさっき探していた文書かい？
　　B：ああ，そうだよ。僕の机の上の書類の山の下に埋もれていたんだ。僕は本当にもっときちんとする必要があるね。

解説　A の発言から，B が文書を探していたことがわかる。B は「もっときちんとする必要がある」と言っているので，その文書は書類の山の下に buried「埋もれていた」と考えるのが妥当。dye「～を染める」，peel「～をむく」，honor「～に栄誉を授ける」

(9) ─解答 **2** ··

訳　多くの SF 作家が光の速度で進むという概念について書いてきた。将来の技術の発展で，この考えは現実となる可能性がある。

解説　多くの SF 作家が執筆するものとして最も適切なのは notion「概念」であり，これは空所後の「光の速度で進むこと」という意味にも合う。edition「（刊行物などの）版」，contact「接触」，instinct「本能」。本文中の authors「作家たち」に引っ張られて edition を選ばないように注意。

(10)─解答 **2** ··

訳　ヘイリーが彼女の先祖についていくらか調査したとき，彼女の曽祖父の 1 人がロンドンの有名な劇場で働いていたことを彼女は発見した。

解説　彼女が発見したのは曾祖父がロンドンの有名な劇場で働いていたことであるという事実から，彼女が自分の ancestors「先祖」について調査をしたことがわかる。angel「天使」，employee「従業員」，enemy「敵」

(11)─解答 **1** ······························· 正答率 ★75%以上

訳　その大きな嵐はその都市の多くの家屋に甚大な損傷を引き起こした。全

ての損傷を修復するための費用は総計 7,000 万ドル以上に達した。

解説 嵐が家屋に甚大な損傷を引き起こしたということから，その修復の費用が相当の額に amounted to「総計で〜に達した」と考えられる。aim at「〜を狙う」，calm down「落ち着く」，check with「〜に相談する」

(12)—解答 ②

訳 A：ティナ，ヘレンの結婚式に着ていくものを選んだ？

B：ええ。私は素敵なドレスをかなり多く持っているけど，新年のセールで買ったピンクのドレスを着ていくつもり。

解説 A と B のやりとりから，2 人が結婚式に着ていくドレスについて話していることがわかる。空所後の「ヘレンの結婚式に着ていくもの」という意味に合うのは，picked out「〜を選んだ」である。call up「電話をかける」，occur to「〜の心に浮かぶ」，dispose of「〜を処分する」

(13)—解答 ③

訳 バクスターズ・ボックスィズの現在の社長はマイク・バクスターである。彼のビジネスは，彼の父親，ピーターから受け継がれ，父親は 15 年前に引退した。

解説 「彼のビジネス」「彼の父親」という 2 つの語句を結びつける動詞としては，was inherited from「〜から受け継がれた」が最も自然である。be balanced on「〜の上でバランスが取られている」，be opposed to「〜に反対している」，be prohibited by「〜により禁じられている」

(14)—解答 ①

正答率 ★75%以上

訳 ニールは彼の仕事を私生活から切り離しておこうとしている。彼はそれらを混在させたくないので，仕事を家に持ち帰ったり，同僚と家族のことについて話したりすることは決してない。

解説 第 2 文にニールは仕事と私生活を混在させたくないという記述があることから，ニールがそれらを separate from「〜から切り離して」おきたいと考えていることがわかる。familiar with「〜に慣れ親しんで」，anxious for「〜を切望して」，equal to「〜に等しい」

(15)—解答 ①

訳 激しい雨の中，その船の乗組員は天候に翻弄されていた。彼らはエンジンを安全に始動できるようになるまで，その嵐が通り過ぎるのを待たなければならなかった。

解説 「乗組員はエンジンを安全に始動できるようになるまで嵐が通り過ぎるのを待たなければならなかった」ということから，彼らは天候に at the mercy of「翻弄されて」いたことが推察される。on the point of「今にも〜しそうで」，in the hope of「〜を希望して」，off the record「非公開で」

(16)—解答 **4**

訳　イギリスのテレビドラマ『コロネーション・ストリート』は1960年に初めて放送された。それ以来ずっと人気を保ち，2020年に1万話目が放送された。

解説　第2文にそのドラマは人気で2020年に1万話目が放送されたとある。ゆえに1960年に初めて went on the air「放送された」とするのが自然。in a bit「すぐに」，for a change「気分転換に」，at the rate「割合で」

(17)—解答 **3**

訳　A：すみません。キッチンに置く電気ヒーターを探しているんです。
　　B：奥様，これをお薦めいたします。小さいですが，たくさんの熱を発します。ほんの数分でキッチンを暖めるでしょう。

解説　「ほんの数分でキッチンを暖める」という記述から，そのヒーターがたくさんの熱を gives off「発する」ということがわかる。drop out「脱落する」，run out「使い果たす」，keep off「離れている」

(18)—解答 **1**

訳　A：これらのピーナツを食べずにはいられないんだよ。それらはとてもおいしいんだ！
　　B：わかるよ。一度食べ始めると，やめるのがとてもとても難しいよね。

解説　BがAに同意して，これらのピーナツは一度食べ始めるとやめるのがとても難しいと言っていることから，Aがそれらを can't help eating「食べずにはいられない」ことがわかる。can't help *doing*「～せずにはいられない」

(19)—解答 **3**

訳　A：あなたは動物の形をしたこれらのカップをどう思う？
　　B：それらはとてもかわいいわ！　私は姉［妹］の誕生日のプレゼントを買う必要があるんだけど，それらのカップの1つがまさにそれにふさわしいものだわ。

解説　Bは姉［妹］の誕生日のプレゼントを買う必要があり，動物の形のカップがかわいいと言っていることから，そのカップが誕生日プレゼントにまさにふさわしいと考えていることがわかる。the very は「まさにふさわしい」という強調の語句で名詞の前につく。ever「今までに」，much「多くの」，so「とても」

(20)—解答 **3**

訳　ロックハマーというバンドのメンバーたちは新しいギタリストと一緒に演奏するのを楽しみにしていた。しかしながら，彼女はコンサートが終わってようやく到着した。

解説　not ～ until … で「…してようやく（初めて）～である」という意味を

表す定型表現。ほかの選択肢の unless「もし～しなければ」，whether「～かどうか」，yet「しかし」は文脈に合わない。

A　全文訳　ジョニー・アップルシード

　ジョニー・アップルシードの話は 1 つのアメリカの伝説である。その話によると，アップルシードの夢は皆がたくさん食べるのに十分なリンゴを育てることであった。彼はアメリカ中を旅し，その道すがらリンゴの木を植えた。この話の多くはフィクションである。しかしながら，ジョニー・アップルシードは実在の人物に基づいていた。それはジョン・チャップマンと呼ばれる男性で，彼は 1774 年に北東部のマサチューセッツ州で生まれた。

　その当時，アメリカ東部の多くの人たちは安い土地を見つけるために西部へと移動していた。チャップマンはこれをお金を稼ぐチャンスととらえた。リンゴから作られるアルコール飲料であるサイダーの生産者から，彼は無料で袋に入ったリンゴの種をもらっていた。彼は旅をしながら，土地を買い，将来町になりそうな場所にリンゴの木を植えた。後に，彼はこれらの場所に戻り，彼のリンゴの木を点検してそれらを売ったものだった。時々彼はそこに定着したいと思っている人々に彼の土地を売ったりもした。

　チャップマンは彼が旅で訪ねた人々の間で人気になった。彼は遠方からの情報を彼らにもたらしたり，彼の興味深い人生の話を彼らにしたりしたものだった。また，彼は親切な人物であったようだ。もし誰かが彼のリンゴの木の代金として衣服で支払ったならば，彼は彼よりもそれらを必要としている人々にこれらの衣服を与えた。彼は古い布袋から作られた上着を喜んで着ていて，冬でさえもめったに靴を履かなかった。ジョニー・アップルシードの話は主に伝説である。しかし，少なくとも，それはチャップマンの人生から取られた数粒の真実の種を含んでいる。

(21)──解答 ③ ･･････････････････････････････ 正答率 ★75%以上

　解説　空所を含む文の前に「この話の多くはフィクションである」とあり，空所を含む文の冒頭には逆接を表す However「しかしながら」がある。また，空所後にジョン・チャップマンという実在の人物のことが述べられていることから，空所には was based on a real person「実在の人物に基づいていた」を入れるのが最も自然である。

(22)──解答 ④ ･･････････････････････････････ 正答率 ★75%以上

　解説　空所後には，チャップマンが旅をしながらリンゴの木を植え，それらを売っていたことが具体的に記述されているので，空所に chance to make money「お金を稼ぐチャンス」を入れると文脈に合う。

(23)──解答 ② ･･･････････････････････････････

　解説　空所前では「アップルシードの話は主に伝説である」ことが，空所後で

は，それは真実を含んでいるということがそれぞれ述べられている。この２つの内容を結びつけるのに最も自然な表現は At least「少なくとも」である。In response「それに応じて」，On average「平均で」，With luck「幸運にも」

B 全文訳 シー・シャンティ

　大きな帆船上の生活は厳しいものだった。船乗りたちは数か月，あるいは数年間も彼らの家と家族から離れていることもあった。彼らが食べなければならなかった食べ物はしばしば乾燥していて状態が悪かった。船の上で船乗りたちがしなければならなかった仕事はたいてい退屈で肉体的に疲れるものだった。さらに悪いことに，特に嵐の間，海はそれ自体とても危険な場所で，事故はよくあることだった。陽気でいるために船乗りたちが彼ら自身の歌を作り，歌い始めたのは驚くべきことではない。

　これらの歌は「シー・シャンティ」と呼ばれ，２種類に分類される。「キャプスタン・シャンティ」は，船の錨を上げるような，止まることなしに一定のペースを必要とした仕事のために使われた。「プリング・シャンティ」は船乗りが帆を上げるためにロープを引っ張る際に使われた。彼らは数秒間共に作業をし，一息つくために止まり，そして再び作業を始めるようなときにこれらのシャンティを歌った。これらのシャンティの間，「シャンティマン」として知られる船乗りの１人が，歌の１節を大声で歌った。ほかの船乗りたちはみんな一緒に次の１節を歌った。このことが，彼らが安定したリズムを保つのを助けた。

　蒸気船の発明の後，船乗りたちはもはやチームで一緒に働く必要がなくなった。船のエンジンが全ての難しい仕事をこなした。そうであっても，シー・シャンティは依然として人気だった。１つの理由は，それらの言葉がしばしばおかしな話に基づいているからだ。一緒になってこれらの愉快な歌を歌うグループが世界中に存在している。新しいものを書いている人たちさえいる。過去のシー・シャンティのように，新しいものもまた，たいていたくさんのユーモアを含んでいる。

(24)— 解答 ③

解説 空所前では船乗りの仕事が退屈で疲れるものであることが，空所後では海が危険であることや事故が頻繁に起きることが述べられている。これらの否定的な内容を結ぶ語句としては，To make matters worse「さらに悪いことに」が最も適切である。After a while「しばらくして」，In exchange「引き換えに」，For this reason「この理由から」

(25)— 解答 ①

解説 空所を含む文の前にシャンティマンが歌の１節を大声で歌い，その後にほかの船乗りたちが次の１節を歌ったという記述がある。ゆえにこのことが keep a steady rhythm「安定したリズムを保つ」ことを助けたと考えられる。

9

解説 空所を含む文の前に，「シー・シャンティの言葉がしばしばおかしな話に基づいている」という記述がある。また，空所を含む文の冒頭には，「過去のシー・シャンティのように」という記述がある。これらのことから，新しいシー・シャンティも usually contain a lot of humor「たいていたくさんのユーモアを含んでいる」と考えられる。

一次試験・筆記 **3** 問題編 p.36～42

A 全文訳

発信人：グラベルトン・コミック・ショー <info@graveltoncomicshow.com>
宛先：アリス・サリバン <alisulli321@friendlymail.com>
日付：1月22日
件名：お申し込みいただきましてありがとうございます

アリス様

　第8回年次グラベルトン・コミック・ショーにオンラインでお申し込みいただきありがとうございます。今年のショーは2月18日の土曜日にグラベルトンにある会議場において開催される予定であり，これまでで最大のものとなります。Tシャツやポスター，あなたのお気に入りのコミックブックに関連したグッズだけでなく，地元の制作者による稀少な商品やコミックブックなどを含む，数千冊のコミックブックが売り出される予定です。それらを制作したアーティストや著者の何人かと会って話をする機会もございます。

　例年通り，来場者のための衣装コンテストを行う予定です。1つは12歳以下の子ども向けのコンテストで，もう1つはそれ以外の皆さん向けのコンテストです。参加したい場合は，正午までに受付にてお申し込みください。衣装はご自身で作ったものでなければならないことをご留意ください。店で購入された衣装を着ている人はコンテストに参加することが認められません。どうか創造的になってください。そうすれば，素晴らしい賞品を勝ち取れるかもしれません。

　来場する全ての方々に，お互いに敬意を払っていただけますようお願い申し上げます。先に許可を得ることなくほかの方の衣装に触ったり，写真を撮ったりすることはおやめください。また，会議場のメインホールでは飲食ができないことを覚えておいてください。会議場のカフェテリアに加えて，会議場の外の広場にスナックや飲み物を販売する移動式の屋台もございます。

　それではショーでお会いできることを楽しみにしております！
グラベルトン・コミック・ショーのスタッフ一同

(27)—解答 1

質問の訳 グラベルトン・コミック・ショーで，アリスができることは

選択肢の訳　**1**　グラベルトン地域の人々によって作られたコミックブックを購入することと。

2　彼女のお気に入りのコミックブックに基づいた映画を見ること。

3　彼女自身のコミックブックの作り方に関するレッスンを受けること。

4　彼女が描いた有名なコミックブックの登場人物の絵を展示すること。

解説　第 1 段落第 3 文に There will be thousands of comic books on sale, including rare items and comic books by local creators とある。この local creators が選択肢では people from the Gravelton area と言い換えられている。よって正解は **1**。

(28)—解答 ①

質問の訳　衣装コンテストの参加者がする必要がある 1 つのことは何か。

選択肢の訳　**1**　自分で衣装を作る。

2　ショーに来る前に申し込む。

3　受付で入場料を支払う。

4　なぜその衣装を選んだのかを説明する。

解説　第 2 段落第 4 文に Please note that your costume must have been made by you. とあり，衣装コンテストでは自分で衣装を作らなければならないことがわかる。

(29)—解答 ③

質問の訳　グラベルトン・コミック・ショーの来場者が尋ねて許可を取らなければならないことは

選択肢の訳　**1**　会議場のメインホールで食事をすること。

2　会議場の外の広場にある駐車場を使うこと。

3　ほかの来場者の衣装の写真を撮ること。

4　自分のスナックや飲み物をショーに持ち込むこと。

解説　第 3 段落第 2 文に許可なくほかの人の衣装の写真を撮ってはならないという記述があることから，正解は **3**。

B　全文訳　王の小道

　何千年もの間，グアダロルセ川はスペイン南部の山々の間を流れてきた。長い年月をかけて，その川はある場所では川からの高さが 300 メートルにもなる高い岩壁を持つ印象的な峡谷を作り出した。20 世紀初頭，その流れの速い川は電気を作り出すために使われるダムの建設にとって良い場所であると技術者たちは結論付けた。人々が近くの町からそのダムへと行くために，1 メートルの幅のコンクリートの歩道が，峡谷の壁の高い場所に作られた。

　最初は，その歩道は発電所の労働者と山の反対側に行きたいと思う地元の人々によって使われるだけであった。すぐに，その歩道の素晴らしい眺めの情報が広がり，それはハイカーたちの間で人気となった。技術者たちはその歩道が旅行者たちにとってより魅

力的になるようにそれを改良することにし，そして 1921 年にそれはスペインのアルフォンソ 13 世国王によって正式に開通された。式典の後，国王は 8 キロの道を歩き，そしてそれは，「王の小道」を意味するエル・カミニート・デル・レイとして知られるようになった。

その人気にもかかわらず，その歩道は適切に維持管理されなかった。コンクリートが損傷した場所に穴が開いてしまったのだ。当初は，人々が落下するのを防ぐために歩道の片側には金属製の柵があったが，これは壊れてしまい，峡谷の底に落ちてしまった。エル・カミニート・デル・レイは世界で最も危険なハイキングの道として有名となり，それに沿って歩く興奮を味わうために多くの国から人々がやって来た。しかしながら，2 年間で 4 人の死者が出た後，政府は 2001 年にその歩道を閉鎖することにした。

エル・カミニート・デル・レイへの人々の関心は衰えず，木材と鋼鉄でその歩道を再建するために 220 万ユーロが費やされた。新しい歩道は 2015 年に開通し，それは古いものよりも安全であるけれども，それが怖いと思う人々も依然として存在している。このことにもかかわらず，その劇的な景色が多くの訪問者を魅了する。エル・カミニート・デル・レイをできるだけ長く良い状態に保つために，今ハイカーたちはそれを利用するためにチケットを買わなければならないし，毎年わずか 30 万枚のチケットしか販売されない。

(30)—解答 **4**

質問の訳　歩道がグアダロルセ峡谷の壁の高い位置に作られたのは

選択肢の訳　**1**　その川があまりにも危険で船で航行することができなかったからだ。
2　より低い位置の歩道が突然の洪水で破壊されてしまっていたからだ。
3　その峡谷には歩行を困難にする岩があったからだ。
4　人々が新たに建設されたダムに行くためにそれを必要としたからだ。

解説　第 1 段落最終文に A one-meter-wide concrete walkway was built high up on the walls of the valley for people to reach the dam from a nearby town. とあり，歩道が作られたのは人々が近くの町からダムに行くためであったことがわかる。

(31)—解答 **1**

質問の訳　その歩道はなぜエル・カミニート・デル・レイと呼ばれたのか。

選択肢の訳　**1**　スペインの国王がその道を開通させた後に，そこを歩いたからだ。
2　それを作った技術者たちによって着用された制服のためだ。
3　そこから見られる素晴らしい景色のためだ。
4　その道が旅行者にとって魅力的であってほしいと地元の人々が望んだからだ。

解説　第 2 段落最終文に，国王がその歩道を開通させ，式典の後にそこを歩いたことから，それがエル・カミニート・デル・レイ（王の小道）として知られるようになったという記述があるので，正解は **1**。

(32)— 解答 **2**

質問の訳　その歩道を閉鎖する決定がなされたのは

選択肢の訳　1　コンクリートに穴が発見された後だ。
　　　　2　人が亡くなった事故の後だ。
　　　　3　金属製の柵がその道の上に落下した後だ。
　　　　4　維持管理費が高騰した後だ。

解説　第3段落最終文に after four deaths in two years, the government decided to close the walkway という記述があることから，4人の死者が出た後，歩道を閉鎖する決定がなされたことがわかる。

(33)— 解答 **4**

質問の訳　その新しい歩道を保護する1つの方法は何か。

選択肢の訳　1　人々は歩道を使うとき，特別なハイキング用のブーツを履かなければならない。
　　　　2　雨による損傷を防ぐために屋根が付け加えられた。
　　　　3　その歩道の表面は新しい材料で作られている。
　　　　4　そこをハイキングできる人々の数は制限されている。

解説　第4段落最終文にその歩道を利用するためにハイカーはチケットを買わなければならず，その数が毎年30万枚に限定されていることが説明されている。つまり，その歩道をハイキングできる人々の数が制限されているということであり，正解は**4**。

C　全文訳　**笑いの進化**

　笑いは，何かが面白いと感じる私たちの感情を表現する方法であるだけでなく，私たちの健康にとって有益なものでもある。短期的に見れば，それは筋肉を緩ませ，血流を改善するのを助けることができるし，そして長期的に見れば，それは私たちの体が病気とよりうまく闘うことを可能にする。研究者たちは，同様の行動をほかの動物の中に探すことで，どのようにして笑いが人間の中で進化してきたのかを調査している。カリフォルニア大学ロサンゼルス校で行われた研究は，60以上の種に笑いと類似した行動があるという証拠を明らかにした。

　その笑い声は人間と少し異なるけれども，チンパンジーが笑うということは長く知られてきた。ほとんどの人間は笑うとき，息を吐き出す際に笑い声を出すだけであるが，チンパンジーが笑うときは，息を吐き出すときと息を吸うときの両方で笑い声を立てる。チンパンジーは人間と非常に関係が深いので，チンパンジー，ゴリラ，オランウータンが笑うことはさほど驚くべきことではない。しかしながら，これらの動物は冗談を言うのに必要な複雑な言語を持たないので，研究者たちは何が彼らを笑わせるのかを明らかにすることに興味を抱いていた。

　研究者たちは，チンパンジーがお互いに乱暴に遊んでいる際にこれらの笑いの声を出すことを発見した。笑いは，自分が本当に相手を傷つけようとしているのではないとい

13

うことを相手に知らせるためのチンパンジーの方法であると彼らは考えている。遊びによって，チンパンジーやほかの動物は，自分の所属するグループのほかのメンバーとより強い関係を築くだけでなく，戦いや狩りの技術を発達させることもできるようになる。

　遊び行動の間，ほかの動物たちによって発せられる音に耳を傾けることによって，研究者たちは広範囲の動物たちの中に「笑い」を見いだすことができた。例えば，犬は遊ぶ際に大きな音を立てて息をするし，イルカは特別なカチッという音を発する。ネズミの場合，優しく触れられる際に彼らが発する笑いに似た音はあまりに高く，人間には聞くことができない。しかしながらその音は特別な装置で検出することができる。研究者たちは，笑いは彼らがリラックスして楽しめるということを他者に示す合図として進化し始めたと結論付けた。もちろん，人間はさまざまな理由で笑うので，研究者たちにはこの行動がどのようにして進化したのかについて学ぶべきことが依然としてたくさんある。

(34)—解答 ①　　　　　　　　　　　　　　　　　　　　　　正答率 ★75%以上

質問の訳　研究者たちはどのようにして人間の笑いの発達について知ろうとしているのか。

選択肢の訳
1　ほかの種の笑いのように思われる行動を探すことによって。
2　人々がどのような種類のことを面白いと考えるかを分析することによって。
3　生まれたときから人間の赤ん坊の反応を研究することによって。
4　人が笑う際に使われる筋肉を調査することによって。

解説　第1段落第3文に Researchers have been investigating how laughter evolved in humans by looking for similar behavior in other animals. とあり，ほかの動物の中に笑いと同様の行動を探すことで研究者たちが人間の笑いの進化について調査していることがわかる。

(35)—解答 ③

質問の訳　チンパンジーの笑いはほとんどの人間の笑いとどのように異なっているか。

選択肢の訳
1　チンパンジーは驚いたとき人間と同じ音を出す。
2　鼻で呼吸することによってチンパンジーは音を出す。
3　チンパンジーは息を吐き出すときだけに音を出すわけではない。
4　チンパンジーは笑うとき人間が呼吸するときほどゆっくりとは呼吸しない。

解説　第2段落第2文に人間は息を吐く際に笑い声を出すが，チンパンジーは息を吐き出すときと吸うときの両方で笑い声を出すという説明がある。つまり，チンパンジーは息を吐き出すときだけに笑い声を出すのではないということであり，正解は**3**。

(36)—解答 ①

質問の訳　研究者たちが考えているチンパンジーが笑いを利用する目的は

選択肢の訳　1　彼らの行動が本気ではないことを示すためである。

2 新しいメンバーを彼らのグループに迎えるためである。

3 彼らが狩りに行く前に筋肉を温めるためである。

4 ほかのチンパンジーを追い払うことによって戦いを避けるためである。

解説 第3段落第2文にチンパンジーは本当に相手を傷つけようとしているわけではないということを相手に知らせる方法として笑いを使っているという記述がある。つまり，笑いは彼らの行動が本気ではないということを相手に伝えるための方法であるということであり，正解は **1**。

(37)— 解答 **3** ●●●●●●●●●●●●●●●●●●●●●●●●●●●●●●

質問の訳 特別な装置が使われる目的は

選択肢の訳 **1** 人間が笑う際に脳の中の信号を測定するためである。

2 イルカによって出される異なった音を識別するためである。

3 ある種の動物の笑いに似た音を観察するためである。

4 人間が笑う正確な理由を特定するためである。

解説 第4段落第3文と第4文に，ネズミの発する笑いに似た音は高過ぎて人間には聞こえないが，特別な装置によってそれを検出することができるという説明がある。ゆえに正解は **3**。

(38)— 解答 **2** ●●●●●●●●●●●●●●●●●●●●●●●●●●●●●●

質問の訳 以下の記述のうち正しいのはどれか。

選択肢の訳 **1** 動物の遊びの目的は，彼らのグループのほかのメンバーを笑わせることである。

2 専門家たちには，どのようにして人間の笑いが発達してきたのかについて学ぶべきことがまだある。

3 笑いの効用の1つは，人々が強い筋肉を発達させるのにそれが役立つということである。

4 研究者たちはチンパンジーが実際互いに冗談を言い合っているという証拠を発見した。

解説 第4段落最終文に humans laugh for a variety of reasons, so researchers still have much to learn about how this behavior evolved とあり，笑いの進化については依然として学ぶべきことがたくさんあるとわかる。

一次試験・筆記 **4** | 問題編 p.42

トピックの訳 人々が選挙で投票するために日本はインターネットを使うべきだと言う人がいます。あなたはこの意見に同意しますか。

ポイントの訳 便利さ　費用　安全

解答例 I think Japan should use the Internet for people to vote in elections. First, people who find it difficult to go to voting places will be able to vote from almost anywhere. For example, Japanese people who are working or traveling in foreign countries can easily participate in elections. Second, the results will be known more quickly. Now, it takes time to count all the votes, but by using the Internet, accurate results can be shown to the public immediately. Therefore, I think it would be good for Japan to use the Internet for people to vote in elections.

解答例の訳 人々が選挙で投票するために日本はインターネットを使うべきだと私は思います。第1に，投票所に行くのが難しいと思う人々がほとんどどこからでも投票することができるようになります。例えば，外国で働いたり，外国を旅行したりしている日本人が簡単に選挙に参加することができます。第2に，結果がより速くわかるようになります。現在，全ての票を数えるのに時間がかかっていますが，インターネットを使うことで，正確な結果をただちに一般の人々に示すことができます。それゆえに，日本は人々が選挙で投票するためにインターネットを使うのが良いだろうと私は思います。

解説 まず冒頭で与えられたトピックに関して，自分が同意するか否かをはっきりと明示することが大切である。その際，I think / I don't think で始め，その後にトピックで使われている表現をつなげて書くと容易にトピックセンテンスを作ることができる。次に自分の意見を支持する理由を2つ，具体例とともに列挙する。その際，First, Second といった標識になるようなつなぎ言葉を使うと論理展開が明確になる。そのほかにも to begin with「まず始めに」，in addition「加えて」，moreover「さらに」などの表現も有効である。そして最後にまとめの文としてもう一度自分の意見を繰り返す。その際，in conclusion「結論として」，for these reasons「これらの理由から」，therefore「それゆえに」などの表現を使うと効果的である。

解答例では Convenience「便利さ」の観点で同意する例が挙げられているが，同意しない場合には，Security「安全」の観点で，インターネット投票ではハッカーによる選挙妨害や結果の改ざんが起きる可能性があること（There is a possibility that computer hackers can interfere with the voting systems and falsify the results.）や，機械の不具合でデータが失われる危険性があること（There is a danger that the database system might break down and we might lose all the data.）などを書いてもよい。

16

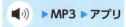
No.1 −解答 ② ‥‥‥‥‥‥‥‥‥‥‥‥‥‥‥‥‥‥‥‥‥‥‥‥‥‥ 正答率 ★75%以上

放送英文 ★： Excuse me. I wanted to order the salmon pasta, but I didn't see it anywhere on the menu.

☆： Sorry, but we only serve salmon pasta on Wednesdays. Today's special is clam chowder.

★： That's too bad. My friend recommended that I order the salmon pasta here. I was really hoping to try it.

☆： My apologies, sir.

Question: Why is the man disappointed?

全文訳 ★： すみません。サーモンパスタを注文したかったのですが，メニューのどこにもそれが見当たらないんです。

☆： 申し訳ございませんが，サーモンパスタは水曜日のみにご提供しております。本日のおすすめはクラムチャウダーでございます。

★： それは残念です。私の友だちがここではサーモンパスタを注文するべきだと勧めてくれたんです。本当にそれを食べてみたいと思っていました。

☆： 申し訳ございません，お客様。

Q：なぜ男性はがっかりしているのか。

選択肢の訳　**1** 彼の友だちが昼食時に彼に会うことができないから。

2 彼は彼が望んだものを注文できないから。

3 クラムチャウダーがもうないから。

4 サーモンパスタがあまりおいしくないから。

解説 サーモンパスタを注文したいと言う男性に対して，それは水曜日のみに提供していると女性は答えている。それを受けて男性は That's too bad. と言っていることから，彼が望んだものを注文できないことに対してがっかりしていることがわかる。

No.2 −解答 ④ ‥‥‥‥‥‥‥‥‥‥‥‥‥‥‥‥‥‥‥‥‥‥‥‥‥‥‥‥‥‥‥‥

放送英文 ☆： Dillon, now that your parents are retired, what are they going to do?

★： They want to travel around the world. Actually, they're going to Kenya soon to see African wild animals on safari.

☆： That sounds like fun. I'd love to see elephants and zebras in the wild. I hope your parents take lots of photographs.

★： I'm sure they will. I'll ask them to show you some when they get back.

Question: What is one thing we learn about the man's parents?

☆： ディロン，あなたの両親は退職した今，何をするつもりなのかしら。

★： 彼らは世界中を旅することを望んでいるよ。実際，彼らはサファリでアフリカの野生動物を見るためにまもなくケニアに行く予定だよ。

☆： それは面白そうね。私は野生のゾウやシマウマが見たいわ。あなたの両親がたくさん写真を撮ってきてくれるといいな。

★： きっと撮ってくると思うよ。彼らが帰ってきたら，写真をいくつか君に見せるように頼んでみるよ。

Q：男性の両親に関して私たちがわかる1つのことは何か。

選択肢の訳 1 彼らはしばしばアフリカに旅行に行く。

2 彼らはケニアで生まれた。

3 彼らは写真を見ることを楽しむ。

4 彼らはもはや働いていない。

解説 女性の最初の発言に now that your parents are retired とあり，男性の両親は退職していることがわかる。この部分が選択肢では，They are no longer working. と言い換えられている。よって正解は **4**。男性の両親はケニアに行く予定であるが，しばしばアフリカに旅行に行くとは述べられていないので，**1** は不適切。

No.3 – 解答 ② ･･････････････････････････････ 正答率 ★75%以上

放送英文 ☆： Hello.

★： Hi, Betty! It's Martin. I'm calling to ask if you've decided what you want to do for your birthday.

☆： Actually, I haven't really thought about it. Hmm. What about eating at that fancy new Thai restaurant that opened downtown?

★： Great! Can you tell me the name of the place? I'll make a reservation.

☆： It's called Diva's Dish. It's on Beach Avenue.

Question: Why did the man call the woman?

全文訳 ☆： もしもし。

★： やあ，ベティ！ マーティンだ。君の誕生日にやりたいことを決めたかどうか尋ねたくて電話をしているんだ。

☆： 実はまだそれについてあまり考えていないのよ。そうねえ。中心街に開店したあの高級な新しいタイ料理のレストランで食事するのはどうかしら。

★： いいね！ その場所の名前を教えてくれないかい？ 僕が予約を取るよ。

☆： ディーバズ・ディッシュと呼ばれているわ。ビーチ・アベニューにあるの。

Q：なぜ男性は女性に電話をかけたのか。

選択肢の訳 1 彼女に新しいレストランについて話すため。

2 彼女の誕生日に何をするべきかを尋ねるため。

3 彼女が予約をすることを提案するため。

4 彼女がどこで夕食を食べたかを尋ねるため。

解説 男性の最初の発言に I'm calling to ask if you've decided what you want to do for your birthday. とあり，女性の誕生日に彼女が何をしたいのかを尋ねるために男性は電話をしていることがわかる。

No.4 −解答 **2**

放送英文 ★： Welcome to the Ababa Café. We have a variety of coffee drinks, both hot and cold. Can I take your order?

☆： Oh, an iced coffee would be fantastic in this weather. It's too hot for a warm drink.

★： Well, we have regular, vanilla, or chocolate iced coffees. Which would you like?

☆： Hmm. I'll take a vanilla iced coffee, please.

Question: Why does the woman order iced coffee?

全文訳 ★： ababa・カフェにようこそ。さまざまな種類のコーヒーを，ホットとコールドの両方でご用意しております。ご注文はお決まりでしょうか。

☆： ああ，アイスコーヒーがこの天候ではいいわね。温かい飲み物を飲むには暑過ぎるわ。

★： えーっと，当店ではレギュラー，バニラ，チョコレートのアイスコーヒーをご用意しております。どれにいたしましょうか。

☆： そうねえ。バニラアイスコーヒーをお願いするわ。

Q：なぜ女性はアイスコーヒーを注文しているのか。

選択肢の訳 **1** そのカフェではそれが有名であるから。

2 今日は屋外が暑いから。

3 友だちがそれを薦めたから。

4 彼女はあまりお腹がすいていないから。

解説 女性の最初の発言に Oh, an iced coffee would be fantastic in this weather. It's too hot for a warm drink. とあり，温かい飲み物を飲むには暑過ぎると彼女が感じていることがわかる。

No.5 −解答 **3**

放送英文 ☆： Dave, um, I have something to tell you. Do you remember that book that you let me borrow?

★： Sure. *The Young Ones*, by Bryce Chambers. How do you like it?

☆： Well, it seemed pretty good. The problem is I can't find it. I must have left it on the train yesterday. Should I buy you a new one?

★： No, don't worry about it. I've read it twice already.

Question: What is one thing the girl says to the boy?

☆： デイブ，ええと，あなたに話したいことがあるの。私に貸してくれたあの本を覚えている？

★： もちろん。ブライス・チェンバーズの『ザ・ヤング・ワンズ』だね。どうだった？

☆： そうね，かなり良かったと思うわ。問題は，その本が見つからないことなの。昨日，電車に置き忘れたに違いないわ。あなたに新しいものを買うべきかしら。

★： いや，心配はいらないよ。もう僕は２回それを読んでいるからね。

Q：女の子が男の子に言っている１つのことは何か。

1 彼女は『ザ・ヤング・ワンズ』という本を書いている。

2 彼女は昨日間違った電車に乗った。

3 彼女は彼の本をなくしたと思っている。

4 彼女は彼に電車の切符を買ってあげた。

女の子の２番目の発言に The problem is I can't find it. I must have left it on the train yesterday. とあり，女の子は男の子の本を電車に置き忘れてきてしまったと思っていることがわかる。選択肢ではこれが She thinks she lost his book. と言い換えられている。

No.**6** –解答 **1** ••••••••••••••••••••••••••••••••••

☆： Thanks for taking me to the Statue of Liberty, Jim. I wish my camera hadn't broken, though.

★： Well, I'll send you the photos I took. Oh, don't you feel tired? We had to stand and wait for a long time to get in.

☆： No, not at all. I feel fine, and the view from the top was great.

★： That's good. Well, let's think about what to do next.

Question: What happened to the man and woman at the Statue of Liberty?

☆： ジム，私を自由の女神像に連れて行ってくれてありがとう。でも，私のカメラが壊れなかったらよかったのに。

★： じゃあ，僕が撮った写真を君に送るよ。あっ，疲れていないかい？　中に入るのに長い時間立って待たなければならなかったからね。

☆： いいえ，全然疲れていないわ。私は大丈夫だし，頂上からの眺めは素晴らしかったわ。

★： それは良かった。それじゃあ，次に何をするか考えよう。

Q：自由の女神像で男性と女性に何が起きたのか。

1 彼らは長い時間待たなければならなかった。

2 彼らは非常に疲れを感じ始めた。

3 彼らは出口を間違えた。

4 彼らは中に入れなかった。

解説 男性は最初の発言で，中に入るのに長い時間立って待たなければならなかったから疲れていないか，と女性を気遣っている。このことから正解は **1** となる。

No.**7** –解答 ②

放送英文 ☆: Dad, can we go to the mountains this weekend? I want to collect some leaves for a school art project.

★: Why do you need to go to the mountains for that?

☆: Most of my classmates are going to get some around town, but I want to find different ones.

★: You're right—there are more kinds of trees in the mountains. OK, let's go on Saturday.

Question: Why does the girl want to go to the mountains?

全文訳 ☆: お父さん，今週末，一緒に山に行ってくれる？　学校の美術のプロジェクトに使う葉っぱを何枚か集めたいの。

★: なぜそのために山に行く必要があるんだい？

☆: 私のクラスメートのほとんどは街の周辺で何枚か集めるつもりなの。でも私は違うものを見つけたいの。

★: もっともだね。山にはよりたくさんの種類の木があるからね。わかった，土曜日に行こう。

Ｑ：なぜ女の子は山に行きたいのか。

選択肢の訳 1　クラスメートに会うため。

2　美術のプロジェクトのために葉っぱを手に入れるため。

3　木を植えるため。

4　学校のために写真を撮るため。

解説 女の子は最初の発言で，美術のプロジェクトに使う葉っぱを集めたいと言い，今週末に一緒に山に行ってくれないかと父親に尋ねている。ゆえに正解は **2** となる。

No.**8** –解答 ①

放送英文 ★: Ann, have you finished writing the presentation for our business trip next week? I'd like to check it before we go.

☆: I'm still waiting on some research data from the sales department. I can't finish the presentation without it.

★: I see. Well, I'll go ask them to hurry up. Once you have the data, how long will it take?

☆: Probably only an hour or two.

Question: What is the problem with the woman's presentation?

全文訳 ★: アン，来週の出張で使うプレゼンテーションを書くのはもう終わったかい？　出張に行く前に点検したいんだ。

☆： 営業部からの調査データが来るのをまだ待っているんです。それなしではプレゼンテーションを書き終えることができません。

★： わかった。それでは，私が行って彼らに急ぐように伝えよう。データが手に入ったら，終えるのにどれくらいかかる？

☆： たぶんほんの1，2時間です。

Q：女性のプレゼンテーションに関しての問題は何か。

選択肢の訳 **1** 彼女はさらなる情報を必要としている。

2 彼女は営業部に電話をするのを忘れた。

3 彼女はそれの書き方を知らない。

4 彼女はそれをする時間がない。

解説 女性は最初の発言で，営業部からの調査データを待っていて，それなしではプレゼンテーションが書き終わらないと言っている。つまり彼女はさらなる情報を必要としているということであり，正解は **1** となる。男性の2番目の発言にある hurry up に引っ張られて，**4** を選ばないように注意。

No.**9** – 解答 ②

放送英文 ☆： Hello, sir. I'm with the *Silverton Daily News*. Would you mind answering a few questions about the Fox Theater?

★： I'd love to. It's my favorite theater in the city.

☆： Then you must be upset by the news that it will be shut down next year.

★： Yeah. I think it's a shame. It's one of the most famous buildings in Silverton.

Question: What is one thing we learn about the Fox Theater?

全文訳 ☆： こんにちは。私はシルバートン・デイリー・ニュースの者です。フォックス劇場についていくつか質問に答えていただいてもよろしいでしょうか。

★： 喜んで。それはこの街で私の一番のお気に入りの劇場なんです。

☆： それならば，来年その劇場が閉館するというニュースに動揺されていることでしょう。

★： ええ。残念だと思いますよ。それはシルバートンで最も有名な建物の1つですからね。

Q：フォックス劇場について私たちがわかる1つのことは何か。

選択肢の訳 **1** それは最近建てられた。

2 それは閉館する予定だ。

3 それは修繕中である。

4 それは多くのお金を稼いでいる。

解説 女性の2番目の発言に it will be shut down next year とあり，フォッ

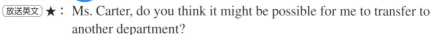

クス劇場が来年閉館するということがわかる。この部分が選択肢では It will be closing. と言い換えられている。

No.10 解答 ①

放送英文 ★： Ms. Carter, do you think it might be possible for me to transfer to another department?

☆： Why, Albert? Don't you like working here in the Sales Department?

★： Of course I do. But I can't work such long hours anymore. I need to get home earlier for my kids.

☆： I see. In that case, let's discuss reducing your responsibilities. I'd really like to keep you here.

Question: What does the man want to do?

全文訳 ★： カーターさん，私がほかの部署に移ることは可能だと思いますか。

☆： なぜなの，アルバート？　ここ営業部で働くのが好きではないの？

★： もちろん好きです。しかしもうそんなに長時間働けないのです。子どもたちのためにもっと早く帰宅する必要があるのです。

☆： わかったわ。それなら，あなたの業務を軽減することについて話し合いましょう。私はあなたに本当にここにいてほしいの。

Q：男性は何をしたいのか。

選択肢の訳　**1**　もっと多くの時間を家で過ごす。

2　会社を辞める。

3　彼のオフィスの近くに引っ越す。

4　新しいベビーシッターを見つける。

解説　男性は2番目の発言で，子どもたちのために早く帰宅する必要があると言っている。つまり彼は家でもっと多くの時間を過ごしたいと思っているということであり，正解は**1**となる。

No.11 解答 ④

放送英文 ☆： Bob, can I ask a favor? My son will be in a play at school next week, and I need to make a costume for him. Could I use your family's sewing machine?

★： Sure, Anna. No problem.

☆： Great. Can I pick it up later today?

★： That would be fine. I'll be home in the evening. I have a meeting this afternoon, but I should be home by six.

Question: What does the woman want to do?

全文訳 ☆： ボブ，お願いしてもいいかしら。私の息子が来週学校の演劇に出るので，彼のために衣装を作る必要があるの。あなたの家族のミシンを使ってもいいかしら。

★：もちろん，アンナ。問題ないよ。

☆：よかった。今日，この後取りに行ってもいいかしら？

★：いいよ。夕方僕は家にいるよ。今日の午後は会議があるけど６時までには帰宅するはずだよ。

Q：女性は何をしたいのか。

選択肢の訳
1　今晩，劇に参加する。
2　彼女の息子の学校に連絡を取る。
3　男性の衣装をデザインする。
4　ミシンを借りる。

解説 女性の最初の発言に Could I use your family's sewing machine? とあり，彼女がミシンを借りたいと思っていることがわかる。

No.12 解答 ③

放送英文
☆：Hello. Orange Computers. How can I help you?

★：My name is Mitch Sibley. May I speak to Ms. Fouts, please?

☆：I'm afraid Ms. Fouts is in Boston on business. She won't be back until Thursday.

★：Oh, I see. I'll try again after she gets back.

Question: Why wasn't Ms. Fouts able to take the call?

全文訳
☆：もしもし。オレンジ・コンピューターズです。ご用件をお伺いいたします。

★：私の名前はミッチ・シブリーです。ファウツさんはいらっしゃいますか。

☆：あいにくファウツはボストンに出張中です。木曜日まで戻りません。

★：ああ，わかりました。彼女が戻ったらもう一度かけ直します。

Q：ファウツさんはなぜ電話に出ることができなかったのか。

選択肢の訳
1　彼女は忙し過ぎて電話口まで来ることができなかったから。
2　彼女は今違う会社で働いているから。
3　彼女はオフィスにはいなかったから。
4　昼食に出かけていたから。

解説 女性の２番目の発言に Ms. Fouts is in Boston on business とあり，ファウツさんがボストンに出張中であることがわかる。この表現が選択肢では She was away from the office. と言い換えられている。

No.13 解答 ②

放送英文
★：Have you read any good science-fiction books lately, Hannah? I can't find any that I like.

☆：Yes. I just finished reading one about space travel and a plan to go to Mars. It was so exciting that I stayed up all night reading it.

★：That sounds really interesting. Would you let me borrow it for a few days?

☆： Sure. I have it in my bag right here.

Question: What is the boy asking Hannah?

全文訳 ★： ハンナ，最近サイエンス・フィクションの良い本を何か読んだ？　僕の好みに合うものを全然見つけられないんだ。

☆： ええ。宇宙旅行と火星へ行く計画についてのものをちょうど読み終わったところよ。それはとてもわくわくさせるものだったので，一晩中寝ないで読んじゃったわ。

★： それは本当に面白そうだね。数日間それを僕に貸してくれないか。

☆： もちろん。ちょうどこのバッグの中にあるわ。

Q：男の子はハンナに何を尋ねているか。

選択肢の訳　**1** 彼女が火星の位置を知っているかどうか。

2 彼女が良い本を知っているかどうか。

3 彼女が宇宙旅行をしたいかどうか。

4 彼女が彼と図書館に行くことができるかどうか。

解説　男の子の最初の発言に Have you read any good science-fiction books lately とあり，男の子がハンナにサイエンス・フィクションの本で何か良いものを知らないかどうかを尋ねていることがわかる。

No.14 解答 ③

放送英文 ☆： Do you want to go to a rock concert with me on Saturday? A new rock band is playing. They're called the Battle Hawks, and they're really, really good.

★： That sounds like fun. Have you seen them play before?

☆： No. I've only heard them on the radio. I think they'll be famous soon, though.

★： Well, I can't wait to hear them play.

Question: What did the woman hear on the radio?

全文訳 ☆： 土曜日に私とロックコンサートに行かない？　新しいロックバンドが演奏するの。彼らはバトル・ホークスと呼ばれ，とてもとても素晴らしいの。

★： 面白そうだね。彼らが演奏するのを以前に見たことがあるの？

☆： いいえ。ラジオで聞いただけよ。でも彼らはすぐに有名になると思うわ。

★： そうか，彼らの演奏を聞くのを待ちきれないよ。

Q：女性はラジオで何を聞いたか。

選択肢の訳　**1** 有名人についてのニュース。

2 バンドとのインタビュー。

3 新しいロックバンドの音楽。

4 楽器店の宣伝。

解説　男性がその新しいロックバンドの演奏を見たことがあるかと女性に尋ねたところ，女性はラジオで聞いただけだと答えている。このことから正

25

解は **3** となる。

放送英文 ☆： It feels like winter. This weather is really cold for April.

★： Yeah. I heard the temperature might drop below zero tonight.

☆： Really? I hope not. I've just put some new plants in my garden. If it gets too cold, they'll freeze and die.

★： Well, let's hope it doesn't get that cold.

Question: What is the woman worried about?

全文訳 ☆： 冬みたいな天気ね。4月にしては本当に寒いわ。

★： ああ。気温が今夜は氷点下まで下がるかもしれないと聞いたよ。

☆： 本当に？　そうならないといいのだけど。庭に新しい植物をちょうど植えたところなの。寒くなり過ぎると凍って枯れちゃうわ。

★： それなら，そんなに寒くならないことを祈ろう。

Q：女性は何を心配しているのか。

選択肢の訳 **1** 雪が激しく降るかもしれない。

2 彼女の庭に植物を植えるのには遅過ぎるかもしれない。

3 男性のガーデン・パーティーが中止されるかもしれない。

4 彼女の植物が凍ってしまうかもしれない。

解説 女性の2番目の発言に I've just put some new plants in my garden. If it gets too cold, they'll freeze and die. とあり，女性は彼女の植物が凍って枯れてしまうことを心配しているとわかる。

一次試験・リスニング	第**2**部	問題編 p.45〜47	▶MP3 ▶アプリ

No.**16**解答 ④ ···

放送英文 Tommy is going on a trip to Ireland. It is his first time, and he is excited about visiting some of the famous buildings there. He will have to travel on an airplane for a long time, and he is worried about not having enough to do on the plane. Tommy's aunt often flies long distances for work, so he will ask for her advice.

Question: What is Tommy worried about?

全文訳 トミーはアイルランドへ旅行に行く予定である。それは彼にとって初めてのことであり，そこで有名な建物をいくつか訪れることを楽しみにしている。彼は長時間飛行機で旅行しなければならず，機内でやることが十分にないことを心配している。トミーのおばは，しばしば仕事で長距離を飛ぶので，彼は彼女に助言を求めるだろう。

Q：トミーは何を心配しているか。

 選択肢の訳
1 有名な建物を訪れることができるかどうか。
2 ほかの国で働くこと。
3 彼のおばの忙しい旅行の予定。
4 長距離フライトでどのように時間を過ごすべきか。

解説 第3文に飛行機内でやることが十分にないことをトミーが心配しているという記述があることから，正解は **4** となる。

No.17 解答 ①

放送英文 Walking is a good way to exercise, and it can also improve a person's mood and reduce stress. There is also a popular Olympic sport called race walking. Some say the sport began long ago in England, when competitions were held to see which servants could walk the fastest. These competitions were very exciting and soon began to attract large crowds.

Question: What is one thing we learn about servants in England long ago?

全文訳 ウォーキングは良い運動の方法であり，それは人の気分を改善し，ストレスを軽減することもできる。競歩と呼ばれる人気のオリンピックの種目のスポーツもある。そのスポーツは，ずっと昔，イギリスで始まったと言う人がいる。そのとき，どの召使いが最も速く歩けるかを見るために競技会が行われていた。これらの競技はとてもわくわくするもので，すぐに多くの人たちを引きつけ始めた。

Q：ずっと昔のイギリスの召使いについて私たちがわかる1つのことは何か。

選択肢の訳
1 彼らは特別な競技会で速く歩いた。
2 彼らはオリンピックを見ることができなかった。
3 競歩は彼らの子どもたちに多くのストレスを感じさせた。
4 彼らが加入できるスポーツクラブはなかった。

解説 第3文にどの召使いが最も速く歩けるかを見るための競技会がずっと昔のイギリスで行われていたという説明があることから，正解は **1** となる。

No.18 解答 ②

放送英文 Sam's mother loves to go hiking, and she often takes Sam with her. However, Sam prefers to stay home and play video games with his friends. To make exercising more fun for Sam, his mother started asking him about games while they were hiking. She asked Sam to describe his favorite game. Sam had so much fun talking about it that he did not realize he was exercising.

Question: What did Sam's mother do to make exercising more fun for him?

全文訳 サムの母親はハイキングに行くのが大好きで，しばしばサムを一緒に連れて行く。しかしながら，サムは家にいて友だちとテレビゲームをする方を好む。サムにとって運動をもっと面白いものとするために，彼の母親はハイキングをしながら，彼にゲームについて尋ね始めた。彼女はサムに彼のお気に入りのゲームを説明するよう頼んだ。サムはそれについて話すことがとても面白かったので，自分が運動をしていることに気づかなかった。

Q：サムの母親は彼にとって運動をもっと面白いものにするために何をしたか。

選択肢の訳 **1** 彼女は彼にハイキングについてのテレビゲームを買った。
2 彼女は彼に彼のお気に入りのゲームについて尋ねた。
3 彼女は彼と彼の友だちをジムに連れて行った。
4 彼女はハイキングをしながらするゲームを作った。

第3文に To make exercising more fun for Sam, his mother started asking him about games while they were hiking. とあり，母親はハイキングをしながらサムにゲームについて尋ねるようにしたことがわかる。母親はハイキングについてのテレビゲームを買ったわけではないので，**1** は不適切。

No.**19** 解答 **3**

放送英文 Michael works at a bank. He really enjoys helping his customers, but recently, he realized that many of them do not know how to manage their money. He wants to offer classes to teach customers basic financial planning. Michael thinks the classes will be useful, but he must first get permission from his boss.

Question: Why does Michael want to offer classes to customers?

全文訳 マイケルは銀行で働いている。彼は彼の顧客を助けることを本当に楽しんでいるが，最近，彼は彼らの多くがどのようにしてお金を管理するかを知らないことに気づいた。彼は顧客に基本的なファイナンシャル・プランニングについて教える授業を提供したいと思っている。マイケルはその授業は役に立つと思っているが，彼はまず上司からの許可を得なければならない。

Q：なぜマイケルは顧客に授業を提供したいのか。

選択肢の訳 **1** 彼の上司が不平を言うのを止めるため。
2 彼自身のために余分なお金を作るため。
3 彼らが自分のお金を管理することについて学ぶ手助けをするため。
4 銀行で働くことに彼らの興味を引くため。

解説 第3文に He wants to offer classes to teach customers basic financial planning. とあり，マイケルがファイナンシャル・プランニングについて顧客に教える授業を提供したいと考えていることがわかる。

No.20 解答 ④

放送英文 Spinach is a dark green vegetable that was first grown in Persia. It is very healthy, so it is often called a superfood. Spinach became a popular vegetable in the United States because of a cartoon character named Popeye. This character eats spinach to become strong. Thanks to this superfood, Popeye can save his girlfriend when she is in dangerous situations.

Question: Why did spinach become a popular vegetable in the United States?

全文訳 ホウレンソウは初めにペルシャで栽培された濃い緑色の野菜である。それはとても健康に良いため，しばしばスーパーフードと呼ばれる。ホウレンソウは，ポパイという名の漫画のキャラクターのおかげで，アメリカで人気の野菜となった。このキャラクターは強くなるためにホウレンソウを食べる。このスーパーフードのおかげで，ポパイは彼のガールフレンドが危険な状況にあるときに彼女を救うことができる。

Q：なぜホウレンソウはアメリカで人気の野菜となったのか。

選択肢の訳
1 ペルシャからの男性たちがそこへ旅行し始めたから。
2 船乗りがそこでそれを安く買うことができたから。
3 そこにいる若い女の子たちが健康的な食べ物を必要としたから。
4 漫画のキャラクターがそれを食べるのを人々が見たから。

解説 第3文，第4文に，強くなるためにホウレンソウを食べる漫画のキャラクターのおかげでホウレンソウがアメリカで人気になったという説明がある。

No.21 解答 ① 正答率 ★75%以上

放送英文 Kyle loves playing sports. He plays soccer, basketball, tennis, and baseball. This year, however, he must study for his high school entrance exams, so he only has time to play one sport. He is not sure which one to choose. He asked his mother, and she suggested that he make a list of the things he loves about each sport to help him decide.

Question: What does Kyle need to do?

全文訳 カイルはスポーツをすることが大好きである。彼はサッカー，バスケットボール，テニス，そして野球をする。しかしながら今年，彼は高校の入学試験のために勉強しなければならないので，1つのスポーツをする時間しかない。どれを選ぶべきか彼は決めかねている。彼が母親に尋ね

ると，彼女は彼が決めるのを手助けするために，それぞれのスポーツについて彼が大好きなことのリストを作るべきだと提案した。

Q：カイルは何をする必要があるのか。

選択肢の訳 **1** するべきスポーツを1つ選ぶ。
2 入学試験を再び受ける。
3 彼の先生に授業の予定表を求める。
4 彼の母親の家事を手伝う。

解説 第3文に he must study for his high school entrance exams, so he only has time to play one sport とあり，カイルは高校の入学試験のために1つのスポーツをする時間しかないことがわかる。この表現が選択肢では Choose a sport to play. と言い換えられている。

No.22 解答

放送英文 You are listening to Radio Blastline FM. It's time for a message from our sponsors. Are you searching for an exciting adventure for the whole family? Come to Amazing Animals Petting Zoo and touch some of the cutest animals around. Admission for children is half-price on Sundays. You can also watch our new tiger cubs play with their mother, and you can join in our penguin parade. See you at Amazing Animals Petting Zoo.

Question: What is one thing families with children can do at Amazing Animals Petting Zoo on Sundays?

全文訳 ラジオ・ブラストライン FM をお聞きいただいております。スポンサーからのメッセージの時間です。家族全員がわくわくするような冒険をお探しですか。それならアメージング・アニマル・ペッティング動物園へお越しいただき，最もかわいい動物たちと触れ合ってみてください。子どもの入場料は日曜日には半額になります。また，生まれたてのトラの子が母親と遊ぶ姿もご覧いただけますし，ペンギン・パレードに参加することもできます。アメージング・アニマル・ペッティング動物園でお会いしましょう。

Q：子どものいる家族がアメージング・アニマル・ペッティング動物園で日曜日にできる1つのことは何か。

選択肢の訳 **1** 半額でペットを買う。
2 有名なラジオタレントと会う。
3 トラにエサをあげるのを手伝う。
4 より安い入場料で入場する。

解説 第5文に Admission for children is half-price on Sundays. とあり，日曜日には子どもの入場料が半額になることがわかる。つまりより安い入場料で入場することができるということであり，正解は **4**。この

動物園では動物たちと触れ合えるが，トラにエサをあげるのを手伝うことができるとは述べられていないので，**3**は不適切。

No.23 解答

放送英文 Madison was very excited when Josh, a boy in her class, asked her to go ice-skating with him. Madison had never been ice-skating before, so she went to an ice rink to practice a week before her date with Josh. She enjoyed it so much that she decided to buy a pair of ice skates. They cost a lot of money, but she plans to go ice-skating often in the future.

Question: What did Madison do before she went ice-skating with Josh?

全文訳 マディソンは，ジョシュという同じクラスの男の子が一緒にアイススケートに行こうと誘ってくれたとき，とても胸が高鳴った。マディソンはこれまでにアイススケートをやったことがなかったので，ジョシュとのデートの1週間前に練習のためにアイスリンクに行った。彼女はとても楽しんだので，1組のアイススケート靴を買うことにした。それは値段が高かったが，彼女は将来頻繁にアイススケートに行くつもりである。
Q：ジョシュとアイススケートに行く前にマディソンは何をしたか。

選択肢の訳 **1** 彼女は1人でアイススケートの練習をした。
2 彼女は新しいイヤリングを買った。
3 彼女は彼に彼の趣味について聞いた。
4 彼女は2週間アイススケートのレッスンを受けた。

解説 第2文の後半に she went to an ice rink to practice a week before her date with Josh とあり，彼女がデートの前に1人でアイススケートの練習をしたことがわかる。

No.24 解答 ② 　　　　　　　　　　　　　　　　　正答率 ★75%以上

放送英文 Melinda could not sleep well last night. She woke up several times because she heard some strange noises. She opened her window and looked outside to find out what was making them. She saw that a branch of a tree was being blown against the wall of her house. Melinda decided to go and sleep in her living room and take a look at the tree branch in the morning.

Question: Why did Melinda have trouble sleeping?

全文訳 メリンダは昨晩よく眠れなかった。彼女は何か奇妙な音を聞いたので何度か目を覚ました。彼女は窓を開けて，何がその音を発しているのかを確かめるために外を見た。木の枝が彼女の家の壁に吹きつけられているのが見えた。メリンダはリビングに行って眠り，朝にその木の枝を見てみることにした。

Q：なぜメリンダは眠れなかったのか。

選択肢の訳 **1** 彼女の部屋が暖か過ぎたから。

2 彼女は外で何か音がしているのを聞いたから。

3 風が壁の穴を通して吹き込んでいたから。

4 窓を通して光が差し込んでいたから。

解説 第1文と第2文にメリンダは奇妙な音を聞いて何度か目を覚ましたために昨晩はよく眠れなかったという説明がある。このことから正解は **2** となる。

No.25 解答

放送英文 Too many things in a space are called clutter. By removing clutter from their homes, people can live more relaxed lives. However, it is often hard to decide which things to throw away. There are professionals who can help people to do this. One such professional, Vicky Silverthorn, made a lot of money by telling people how to remove clutter from their homes on the Internet.

Question: How did Vicky Silverthorn make a lot of money?

全文訳 あまりにも多くの物が1つの場所にあるとそれはがらくたの山と呼ばれる。家からがらくたの山を取り除くことによって，人々はもっとリラックスした生活を送ることができる。しかしながら，どれを捨てるべきかを決めることはしばしば難しい。人々がこれをするのを助けてくれるプロがいる。そのようなプロの1人，ビッキー・シルバーソーンは，家からがらくたの山をどのように取り除くかをインターネット上で人々に教えることによって多くのお金を稼いだ。

Q：ビッキー・シルバーソーンはどのようにして多くのお金を稼いだのか。

選択肢の訳 **1** 彼女は人々にどのようにして物を処分するかを教えた。

2 彼女は人々が家を売る手助けをした。

3 彼女はプロの人たちのためにインターネットの問題を修復した。

4 彼女はより強い家を建てる方法を教えた。

解説 最終文でがらくたの山をどのように取り除くかをインターネット上で教えることでビッキーは多くのお金を稼いだと述べられているので，正解は **1**。how to remove clutter が選択肢では how to get rid of things と言い換えられている。ビッキーはインターネット上で教えたのであって，インターネットの問題を修復したわけではないので，**3** は不適切。

No.26 解答 **3** 正答率 ★75%以上

放送英文 Today is Serena's first day at a new high school. She is nervous because she is shy and has difficulty making new friends.

Serena's father told her to introduce herself to the students sitting next to her in her class. After that, he told her she should get to know them by asking them about their interests.

Question: Why is Serena nervous?

全文訳 今日はセリーナにとって新しい高校での最初の日である。彼女は内気で新しい友だちを作るのが苦手なので，緊張している。セリーナの父親は彼女に，クラスで隣に座っている生徒たちに自己紹介をするように言った。その後，彼は彼女に，彼らに関心事について尋ねることで彼らのことを知るようにすべきであると話した。

Q：なぜセリーナは緊張しているのか。

選択肢の訳 1 彼女は学校へどのように歩いていけばよいかを知らないから。
2 彼女は父親の助言を思い出すことができないから。
3 彼女は新しい友だちを作ることが苦手だから。
4 彼女は彼女の教室を見つけることができないかもしれないから。

解説 第2文に She is nervous because she is shy and has difficulty making new friends. とあり，セリーナは新しい友だちを作るのが苦手であることがわかる。

No.27 解答

放送英文 Most brides and grooms wear special clothing on their wedding day. The things a bride and groom wear depend on where in the world they live. In Scotland, brides and grooms traditionally gave each other pieces of cloth. These pieces of cloth had their families' historical colors on them. In this way, people could see that the bride was joining her husband's family.

Question: What is one thing we learn about traditional weddings in Scotland?

全文訳 ほとんどの新郎新婦は結婚式の日に特別な服を着る。新郎新婦が着るものは彼らが世界のどこに住んでいるかによる。スコットランドでは伝統的に，新郎新婦はお互いに布切れを贈り合った。これらの布切れには彼らの家族が受け継いできた歴史的な色が付いていた。このようにして，新婦が彼女の夫の家族に入ることを人々は知ることができた。

Q：スコットランドの伝統的な結婚式についてわかる1つのことは何か。

選択肢の訳 1 新郎新婦はお互いに布切れを贈り合った。
2 新婦は新郎が着用する色鮮やかな帽子を作らなければならなかった。
3 そこでの結婚ダンスは世界中で有名であった。
4 結婚式はほかの国よりも多くの費用がかかった。

解説 第3文に In Scotland, brides and grooms traditionally gave each other pieces of cloth. とあり，スコットランドでは伝統的に新郎新婦

がお互いに布切れを贈り合ったということがわかる。

No.28 解答

放送英文　Good evening, ladies and gentlemen. Thank you for choosing Speedy Airlines. The pilot has just turned off the seatbelt sign. Feel free to use the restrooms at the front or at the back of the airplane. During the flight, please keep your seatbelt on while you are in your seat. We will be serving some coffee, tea, and cookies shortly.

Question: What will probably happen next?

全文訳　ご搭乗の皆様，こんばんは。スピーディー・エアラインズをご利用いただきありがとうございます。機長はシートベルト・サインを消灯いたしました。当機の前方または後方にございます化粧室をご自由にお使いください。飛行中，着席している際はどうぞシートベルトをお締めください。まもなくコーヒー，お茶，クッキーをご提供いたします。

Q：おそらく次に何が起きるだろうか。

選択肢の訳　**1**　皆が飛行機への搭乗を始める。
2　飛行機が離陸する。
3　特別な食べ物が売り出される。
4　乗客は飲み物と軽食を楽しむ。

解説　最終文に We will be serving some coffee, tea, and cookies shortly. とあり，まもなく飲み物と軽食の提供が始まることがわかる。

No.29 解答

放送英文　Misaki often gets headaches when she works on her computer. She got a brighter light bulb for her desk lamp. She also bought a new chair to support her back better. However, neither of these changes helped. When she told her father about her headaches, he suggested she get her eyes tested. She went to an eye doctor, and he told her that she needed glasses.

Question: Why was Misaki often getting headaches?

全文訳　ミサキはコンピューターで仕事をするとしばしば頭痛がする。彼女は卓上照明のためにより明るい電球を買った。彼女はまた背中をより良く支えてくれる新しいいすを購入した。しかしながら，これらの変更のいずれも役に立たなかった。彼女が頭痛のことを父親に話すと，彼は目を検査してもらうことを提案した。彼女が眼科医に行くと，医者は彼女には眼鏡が必要だと言った。

Q：なぜミサキはしばしば頭痛を経験していたのか。

選択肢の訳　**1**　彼女は薬を飲むことを忘れ続けていたから。
2　彼女は目に問題があったから。

3　彼女のいすは彼女にとって間違ったサイズだったから。

4　彼女の卓上照明は明る過ぎたから。

解説　第5文と第6文に父親の助言でミサキは眼科医に行き，医者から眼鏡が必要だと言われたことが述べられている。つまり彼女の目に問題があったということであり，正解は **2** となる。

No.30 解答　②

放送英文　Welcome to Beautiful Bay Beach! Come and watch the surfing contest at noon. Many famous surfers will take part. We would like to ask all visitors not to play loud music and to watch children carefully while they are playing in the waves. Please listen to the lifeguards. They will tell you where it is safe to swim. Also, please do not forget to take your trash home with you. Thank you!

Question: What will happen at noon today?

全文訳　ビューティフル・ベイ・ビーチへようこそ！　正午のサーフィン大会をぜひ見に来てください。多くの有名なサーファーが参加いたします。ご来場の皆様には，大音量で音楽をかけないことと，お子様が波打ち際で遊んでいる際はお子様から目を離さないことをお願いいたします。ライフガードの話をどうぞお聞きください。彼らはどこで泳ぐのが安全かを皆様にお伝えいたします。また，ゴミは必ずご自宅に持ち帰るのを忘れないでください。どうぞよろしくお願い申し上げます！

Q：本日正午に何が起きるだろうか。

選択肢の訳　1　子供用のサーフボードが売り出される。

2　サーフィンの競技会がある。

3　大音量の音楽をかけてダンスパーティーが始まる。

4　どんなゴミでも回収するためにトラックが来る。

解説　第2文に Come and watch the surfing contest at noon. とあり，正午にサーフィンの競技会があるのがわかる。

全文訳 **フェイクニュース**

　写真は，人々がニュースの内容をより良く理解するのに役立つので，マスコミによって使われる。しかしながら，最近，偽りの情報を含む写真が現代の技術を使って簡単に作られる。そのような写真をインターネット上に載せる人々がおり，そうすることで彼らはほかの人たちに真実ではない話を信じさせようとする。技術が良くも悪くも使われるということを人々は知っておくべきである。

質問の訳　No. 1　文章によれば，ある人々はどのようにしてほかの人たちに真実ではない話を信じさせようとするのか。

　　　　　No. 2　では，絵を見てその状況を説明してください。20秒間，準備する時間があります。話はカードにある文で始めてください。
　　　　　〈20秒後〉始めてください。

　　　　　では，～さん（受験生の氏名），カードを裏返して置いてください。

　　　　　No. 3　ロボットのために，将来多くの人々が仕事を失うだろうと言う人がいます。あなたはそれについてどう思いますか。

　　　　　No. 4　近ごろ，日本の多くの家族がペットを飼っています。ペットを飼うことは子どもたちに良いとあなたは思いますか。
　　　　　Yes. →なぜですか。　　　　　No. →なぜですか。

No.1

解答例　By putting photographs that contain false information on the Internet.

解答例の訳　「偽りの情報を含んだ写真をインターネット上に載せることによって」

解説　第3文に Some people put such photographs on the Internet, and by doing so they try to make others believe untrue stories. とあり，such photographs「そのような写真」をインターネット上に載せることで彼らは真実ではない話をほかの人たちに信じさせようとしていることがわかる。such photographs とは，その直前の文で photographs that contain false information と説明されているので，such photographs をその説明部分と入れ替える。質問は how「どのようにして」なので，By putting で始めて答えるとよい。

No.2

解答例　One day, Ken and Sakura were talking about their favorite sea animals. Ken said to her, "Let's go to the aquarium to see the dolphins." That weekend at the aquarium, Ken saw a sign that said taking pictures was not allowed. Sakura suggested that he put the camera into his backpack. Later that day, Sakura was enjoying watching a dolphin show. Ken was worried that they would get wet.

解答例の訳　「ある日，ケンとサクラはお気に入りの海洋生物について話していました。ケンは彼女に『イルカを見るために水族館に行こう』と言いました。その週末，水族館でケンは，写真撮影は禁止だという看板を見ました。カメラをバックパックにしまうことをサクラは彼に提案しました。その日の後になって，サクラはイルカショーを見ることを楽しんでいました。ケンは彼らが濡れるのではないかと心配していました」

解説　1コマ目は指示された文で説明を始め，その後にケンのせりふを Ken said to her, の後に続ける。2コマ目は That weekend at the aquarium, で始め，ケンが写真撮影禁止の看板を見ている様子を過去形で描写し，次に吹き出しの中に描かれているサクラの考えを説明する。3コマ目は Later that day, で始め，サクラがイルカショーを楽しんでいる様子を説明し，次に吹き出しの中に描かれているケンの考えを描写する。

No.3

解答例　I agree. Robots can do more and more types of jobs. Also, they can work more efficiently than people.

解答例の訳　「私もそう思います。ロボットはますます多くの種類の仕事をすることができます。また，彼らは人々よりも効率的に働くことができます」

解答例　I disagree. There are many jobs that only humans can do. For example, taking care of children needs to be done by humans.

解答例の訳　「私はそうは思いません。人間だけができる仕事がたくさんあります。例えば，子どもを世話することは人間によってなされる必要があります」

解説　賛成の場合には解答例に加えて，ロボットは疲れないので長時間働くことができること（Robots never get tired, so they can work much longer than humans.）を指摘してもよいだろう。反対の場合は，教師は生徒や親と関わるのでロボットでは代替できないこと（Teachers need to interact with students and their parents, so they cannot be replaced by robots.）を述べてもよい。

No.4

解答例　（Yes. と答えた場合）
Taking care of pets teaches children to be responsible. They have to give food to their pets every day.

解答例の訳　「ペットを世話することは子どもたちに責任感を持つことを教えてくれます。彼らは毎日ペットにエサをあげなければなりません」

解答例　（No. と答えた場合）
It's difficult for children to look after pets. Also, I've heard that

some pets suddenly attack children.

解答例の訳 「子どもたちがペットを世話することは難しいです。また，突然子どもたちを攻撃するペットがいると私は聞いたことがあります」

解説 Yes の場合は，解答例に加えて，ペットと関わることは子どもの心の発達に良いこと（Having interactions with pets is good for children's emotional development.）を書いてもよいだろう。No の場合は，ペットの毛にアレルギーがある子どもがいること（Some children have allergies to animal hair.）を指摘してもよい。

二次試験・面接 | **問題カード** B **日程** | 問題編 p.50～51 | 🔊 ▶MP3 ▶アプリ

全文訳 **動物保護施設**

　　最近，捨てられたペットの世話をする動物保護施設がたくさんある。これらの動物たちはしばしば人を怖がる。今，ペットが人とうまくやっていくのを手助けする訓練が注目を集めている。そのような訓練を提供している動物保護施設があり，このようにすることで，動物保護施設は捨てられたペットが新しい飼い主を見つけることをより容易にしている。動物保護施設はおそらく社会で重要な役割を果たし続けるだろう。

質問の訳 No. 1 文章によれば，どのようにして動物保護施設は捨てられたペットが新しい飼い主を見つけることをより容易にしているのか。

No. 2 では，絵を見てその状況を説明してください。20秒間，準備する時間があります。話はカードにある文で始めてください。
〈20秒後〉始めてください。

では，～さん（受験生の氏名），カードを裏返して置いてください。

No. 3 動物は動物園で飼われるべきではないと言う人がいます。あなたはそれについてどう思いますか。

No. 4 今日，多くの人たちが現金ではなく，クレジットカードで物を買います。これは良い考えだとあなたは思いますか。
Yes. →なぜですか。　　　　　　No. →なぜですか。

No.1

解答例 By offering training that helps pets get along with people.

解答例の訳 「ペットが人とうまくやっていくのを手助けする訓練を提供することによって」

解説 第4文に Some animal shelters offer such training, and in this way they make it easier for abandoned pets to find new owners. とあり，such training「そのような訓練」を提供することで動物保護施設は捨てられたペットが新しい飼い主を見つけることをより容易にし

ているということがわかる。such training とはその前文の training that helps pets get along with people を指すので，such training とその説明部分を入れ替える。質問は how「どのようにして」なので，By offering で始めて答えるとよい。

No.2

解答例 One day, Mr. and Mrs. Sano were talking at a hotel in Thailand. Mrs. Sano said to her husband, "I want to go to the zoo tomorrow." The next day at the zoo entrance, Mr. Sano was buying tickets. Mrs. Sano was asking a man to take a picture of her and her husband. An hour later, Mrs. Sano was feeding an elephant. Mr. Sano was looking forward to having dinner at a restaurant with her.

解答例の訳 「ある日，サノ夫妻はタイのホテルで話をしていました。サノさんは彼女の夫に『明日は，私は動物園へ行きたい』と言いました。次の日，動物園の入り口で，サノさんの夫はチケットを買っていました。サノさんは男性に彼女と夫の写真を撮るように頼んでいました。1時間後，サノさんはゾウにエサをあげていました。サノさんの夫は彼女とレストランで夕食を食べることを楽しみにしていました」

解説 1コマ目は指示された英文で説明を始め，その後にサノさんのせりふを Mrs. Sano said to her husband, の後に続ける。2コマ目は The next day at the zoo entrance, で始め，サノさんの夫の行動と吹き出しの中のサノさんの考えを過去進行形で説明する。3コマ目は An hour later, で始め，まずサノさんがゾウにエサをあげている動作を説明し，次に吹き出しの中のサノさんの夫の考えを描写する。

No.3

解答例 I agree. Animals should be free to live in nature. People need to protect the natural areas where animals live.

解答例の訳 「私もそう思います。動物は自然の中で自由に生きるべきです。人々は動物が生息している自然の地域を保護する必要があります」

解答例 I disagree. Zoos can teach children a lot about animals. For example, children can see how animals eat and sleep.

解答例の訳 「私はそうは思いません。動物園は子どもたちに動物についてたくさんのことを教えることができます。例えば，子どもたちはどのようにして動物が食事をし，眠るのかを見ることができます」

解説 賛成の場合には解答例に加えて，動物を小さなおりの中に閉じ込めておくことは動物虐待に当たりうるということ（Trapping animals in small cages can be considered animal abuse.）を主張することもできるだろう。反対の場合は，絶滅危惧種の繁殖に重要な役割を果たして

いる動物園もあること（Some zoos are playing important roles in reproducing endangered species.）を指摘してもよい。

No.4

解答例（Yes. と答えた場合）

A lot of people don't like carrying cash with them. Also, most people don't want to go to the bank before shopping.

解答例の訳「多くの人たちが現金を持ち歩くことを好みません。また，ほとんどの人たちは買い物の前に銀行へ行きたくありません」

解答例（No. と答えた場合）

It's easy to spend a lot of money with a credit card. People forget how much money they have spent.

解答例の訳「クレジットカードで多くのお金を使うことは簡単です。人々はいくら自分が使ったかを忘れてしまいます」

解説 Yes の場合は，解答例に加えて，財布を落としてしまうとそのお金は戻ってこない可能性が高いこと（You will probably lose your money if you drop your wallet.）を指摘してもよいだろう。No の場合は，クレジットカードの情報が盗まれて気づかない間に悪用される可能性があること（Someone might steal information from your credit card and spend a lot of money without being noticed.）を書いてもよい。

2022-2

解 答 一 覧

一次試験・筆記

1

(1)	1	(8)	4	(15)	1
(2)	1	(9)	2	(16)	1
(3)	3	(10)	3	(17)	2
(4)	3	(11)	2	(18)	1
(5)	1	(12)	3	(19)	2
(6)	2	(13)	3	(20)	2
(7)	3	(14)	4		

2 A / **2 B**

(21)	2	**2 B**	(24)	2
(22)	3		(25)	3
(23)	1		(26)	4

3 A / **3 B**

(27)	2	**3 B**	(30)	4
(28)	1		(31)	4
(29)	2		(32)	1
			(33)	1

3 C

(34)	2	(36)	1	(38)	4
(35)	2	(37)	1		

4　　解答例は本文参照

一次試験・リスニング

第1部

No. 1	3	No. 6	4	No.11	1
No. 2	4	No. 7	3	No.12	1
No. 3	4	No. 8	4	No.13	3
No. 4	1	No. 9	1	No.14	1
No. 5	2	No.10	3	No.15	3

第2部

No.16	4	No.21	1	No.26	2
No.17	1	No.22	1	No.27	4
No.18	4	No.23	1	No.28	2
No.19	2	No.24	2	No.29	2
No.20	3	No.25	2	No.30	2

(1) ─ 解答 **1**

訳 ケイコがたった6か月しか英語を勉強していないということを考慮に入れると，彼女は昨日のコンテストで際立って素晴らしい英語のプレゼンテーションを行った。彼女は2位を獲得した。

解説 空所前でケイコがたった6か月しか英語を勉強していないこと，空所後でそれにもかかわらずケイコが2位を獲得したことが述べられていることから，彼女のプレゼンテーションがremarkably「際立って」素晴らしかったことが推測される。nervously「神経質に」，suddenly「突然」，carefully「注意深く」

(2) ─ 解答 **1** ───────────────── 正答率 ★75%以上

訳 A：休暇はどうだった，デール？
B：素晴らしかったよ！　私たちは7日間純粋に楽しんでリラックスしたよ。

解説 空所後で休暇を楽しんでリラックスしたことが話されていることから，休暇はmarvelous「素晴らしい」ものだったと考えるのが自然である。industrial「工業の」，humble「謙虚な」，compact「小型の」

(3) ─ 解答 **3**

訳 世界中の人々は，その2つの国の間の争いが戦争を引き起こすのではないかと恐れている。

解説 戦争を引き起こす要因として考えられるのはconflict「争い」しかない。patient「患者」，phrase「言い回し，表現」，courage「勇気」

(4) ─ 解答 **3**

訳 野球選手のオオムラ・シュウタは2019年に右膝の手術を受けなければならなかったが，彼は完全に回復し2020年には再び競技をする準備ができていた。

解説 his right knee「彼の右膝」，a full recovery「完全回復」といった語句から彼が膝のsurgery「手術」を受けたことが予想される。recognition「認識」，innocence「無罪」，inquiry「問い合わせ」

(5) ─ 解答 **1**

訳 そのレストランは数度の食中毒事件の後，良い評判を失って，ついに閉店しなければならなかった。

解説 空所後に食中毒があったことと最終的には閉店しなければならなかったという記述があることから，その店が良いreputation「評判」を失ったことがわかる。anticipation「予想」，observation「観察」，examination「試験」

(6) ― 解答 **2** ••

訳 日光は人々が健康でいるために重要である。しかし，過度の日光に肌をさらすことは良くない。

解説 日光に関する健康に良くないことといえば，過度の日光に肌を expose「さらす」ことであると推測できる。protest「～に抗議する」，conduct「～を指揮する」，represent「～を象徴する」

(7) ― 解答 **3** •••••••••••••••••••••••••••••• 正答率 ★75%以上

訳 カイは腕を骨折した後，完全に治るまでにおよそ 3 か月かかった。今，彼は何の問題もなく再びテニスをすることができる。

解説 カイは腕を骨折したが，今は何の問題もなくテニスができているということから，heal「治る」を空所に入れるのが最も自然である。fulfill「～を満たす」，cheat「～をだます」，retire「引退する」

(8) ― 解答 **4** ••

訳 最近では，多くの会社が従業員に多くの柔軟性を提供している。例えば，従業員は時々在宅勤務をしたり，何時に仕事を始め何時に終えるかを選択したりすることができる。

解説 第 2 文で在宅勤務の例や始業時刻や終業時刻を自分で決められる例などが挙げられている。つまり，会社は従業員に flexibility「柔軟性」を与えている。majority「大多数」，similarity「類似」，quantity「量」

(9) ― 解答 **2** ••

訳 ケビンは車で家に帰る途中，吹雪の中で立ち往生した。天候があまりに悪かったので，彼は車を置き去って残りの道を歩かなければならなかった。

解説 空所後で残りの道を歩かなければならなかったとあることから，彼が車を abandon「置き去って」いったことがわかる。maintain「～を保つ」，prevent「～を防ぐ」，supply「～を供給する」

(10) ― 解答 **3** ••

訳 ローラはバドミントンのトーナメントからあまりに早く敗退したことを悲しく思っていたが，今彼女は彼女の友だちを彼らの試合時に支えている。

解説 ローラが悲しく思っていたこと，そして今は友だちの試合時に彼らを支えていることなどから，ローラがトーナメントから早く eliminated「敗退した」ことが推測される。commit「～を犯す」，defend「～を守る」，import「～を輸入する」

(11) ― 解答 **2** ••

訳 サラは彼女の足が良くなるまでは，走ることを控えるように言われた。さもなければ，彼女は彼女のけがをさらに悪化させることになるかもしれない。

解説 第2文に，さもなければ，けがが悪化するかもしれないという記述があるので，サラは走ることを refrain from「控える」必要があることがわかる。read through「〜を読み通す」，reflect on「〜を熟考する」，refer to「〜に言及する」

(12)—解答 ③
訳 A：あの映画についてどう思った？

B：全体としては楽しめたよ。俳優の何人かは最高とは言えなかったけれど，ストーリーは素晴らしくて，音楽も美しかったよ。

解説 空所後で俳優の何人かは最高とは言えなかったが，ストーリーと音楽が良かったという記述がある。つまり，悪いところもあったが，as a whole「全体としては」その映画は良かったと考えられる。on the move「活発で」，in respect of「〜に関しては」，by then「その時までには」

(13)—解答 ③
訳 A：どうしたの，エミリー。

B：ジムが私の友だちの前で私のことをばかにしたの。私の靴を不格好だと彼は言ったの。

解説 ジムはエミリーの靴が不格好だと言っていることから，彼女を made a fool of「ばかにした」ことがわかる。make a difference で「重要である」，make a point of *doing* で「必ず〜する」，make a start で「始める」という意味。

(14)—解答 ④
訳 ジェイソンは母親に彼の私生活に干渉するのをやめるよう何回か頼んだ。たとえ彼が大人でも，彼女が彼をコントロールしようとしていることに彼は当惑している。

解説 第2文からジェイソンが彼をコントロールしようとしている母親に当惑していることがわかる。このことからジェイソンは母親に私生活に interfering with「干渉する」ことをやめてもらいたいと思っていることが予想される。count on「〜を頼りにする」，insist on「〜を主張する」，compare with「〜に匹敵する」

(15)—解答 ①
訳 A：バーベキューを中止しなければならなかったことは残念だね。

B：そうだね，でも雨の中では外でバーベキューをすることはできないね。もし天候がもっと良ければ，代わりに来週できるよ。

解説 B が雨の中では外でバーベキューはできないと言っていることから，彼らがバーベキューを call off「中止する」ことを余儀なくされたことがわかる。pick on「〜をいじめる」，fall for「〜を好きになる」，bring out「〜を外に出す」

(16)—解答 **1**

訳　泥棒はその建物にはしごを用いて入ったに違いない。入るための唯一の方法は，2階の窓からだった。

解説　第2文で建物に入るための唯一の方法は2階の窓であるという記述があることから，泥棒は by means of (a ladder)「（はしご）を用いて」家に侵入したとみるのが自然である。in charge「管理して」，at times「時々」，for all「～にもかかわらず」。in charge of という熟語に引っ張られて **2** を選ばないように注意。

(17)—解答 **2**

訳　バーニーはいくつかの簡単な指示に従うよう彼の猫に教えようとしたが，彼の努力は無駄だった。彼が猫に横になるように言うたびに，猫はただ歩き去った。

解説　空所前ではバーニーが猫に指示に従うように教えようとしたことが，空所後で横になるように指示を出しても歩き去るだけだったことがそれぞれ述べられている。つまり彼の努力は in vain「無駄」だったことがわかる。of late「最近の」，for sure「確実に」，by chance「偶然に」

(18)—解答 **1**

訳　3年間東京に住んでいるので，カサンドラは彼女のアパートから東京スカイツリーまでの行き方を正確に知っていた。

解説　Having lived ～は完了形の分詞構文。分詞構文は〈時〉〈理由〉〈同時性〉などの意味を表す。どの意味になるかは文脈によって決まり，時にはあいまいになることもある。あえて接続詞を使わず，2つの文を緩やかにつなぐ働きがある。

(19)—解答 **2**

訳　誰かがミシェルの教室の窓の1枚を割った。ミシェルはそんなことはしていなかったが，ほかの生徒の何人かはあたかも彼女がそれをしたかのように彼女のことを見た。

解説　as if 以下は仮定法過去完了。「あたかも～であったかのように（実際はそうではなかったのだが）」という意味になる。as if she had の後には done it が省略されている。as to「～に関しては」，if only「ただ～でさえあれば良いのだが」，if not「もしそうでないならば」

(20)—解答 **2**

訳　A：あなたの両親の家まで車でどれくらいかかる？
B：休暇の間は交通量に関しては何とも言えないな。30分かかるかもしれないし，あるいは2時間かかるかもしれない。

解説　There is no *doing* で「～することはできない」。There's no telling で「話すことはできない」つまり「何ともいえない，わからない」という意味になる。

A　全文訳　海における問題

　プラスチックはさまざまな商品に使われている。実際，およそ 4 億トンのプラスチックが毎年世界中で作られていると見積もられている。その多くがたった一度使われて捨てられるように作られている。この廃棄物のほとんどは埋め立て地の地中に埋められる。しかし，大量のものが**ほかのどこかに行きつく**。国際自然保護連合によると，1,400 万トン以上のプラスチック廃棄物が毎年海に流入する。プラスチックは頑丈で，分解するのに長い時間がかかる。このため，世界の海は急速にそれでいっぱいになりつつある。

　プラスチック廃棄物は海中と海辺に生息している野生動物にとって 2 つの大きな問題を引き起こす。第 1 に，動物は時々より大きなプラスチックのかたまりに捕らわれ，自由に泳げなくなってしまうため死んでしまう。しかしながら，もう 1 つの問題はより小さなプラスチックの破片によって引き起こされる。動物はしばしば**これらを食料とみなす**のだ。最近の研究によると，魚種のおよそ 3 分の 2 と全海鳥の 90 パーセントが海に浮遊している小さなプラスチックの破片を間違って食べてしまっていることがわかった。

　それに応えて，たくさんの環境保護団体が海のプラスチックについて何か対策を行うよう政府に働きかける努力をしている。例えば，生物多様性センターはアメリカ政府にプラスチック汚染を制御するための法律を作るよう要請した。そのような団体はまた，その問題について大衆を教育しようと試みてもいる。**これにもかかわらず**，人々はプラスチックを捨て続け，海の中のプラスチックの量は増加し続けている。

(21)—解答 ②

解説　空所後では 1,400 万トン以上のプラスチック廃棄物が海に流入し，その分解されにくい性質のために急速に世界の海がプラスチックで満たされつつあることが述べられている。つまり，多くのプラスチックが ends up elsewhere「（埋め立て地以外の）ほかのどこかに行きつく」ということである。

(22)—解答 ③　　　　　　　　　正答率 ★75％以上

解説　空所後で魚種の 3 分の 2 と全海鳥の 90％が海に浮遊しているプラスチックを間違って食べてしまっているという研究成果が報告されている。つまり海の動物たちは see these as food「これら（のプラスチック）を食料としてみなす」ということである。

(23)—解答 ①

解説　空所前ではプラスチックの問題について環境保護団体が大衆を教育しようとしていることが述べられている。一方，空所後では人々は依然としてプラスチックを捨て続け，海のプラスチック廃棄物が増えている現状が報告されている。この 2 つの相反する事実をつなぐのに適した接続語句は In spite of this「これにもかかわらず」である。Therefore「そ

れゆえに」，Likewise「同じように」，In particular「特に」

全文訳 『キャッツ』を上演すること

　アンドリュー・ロイド・ウェバーは，ミュージカルを作ることで有名であり，彼が作った歌の多くは有名になった。過去50年にわたって，ウェバーは，『オペラ座の怪人』や『ヨセフ・アンド・ザ・アメージング・テクニカラー・ドリームコート』を含むたくさんの人気のあるミュージカルを作り出してきた。これらの（ミュージカルの）キャラクターは，昔からずっと存在してきたよく知られた物語から取られた。ウェバーの最も成功したミュージカルの1つは『キャッツ』である。これは，彼が作った最も人気の曲である『メモリー』を呼び物にしている。しかし，ウェバーのほかの多くのミュージカルと同様に，『キャッツ』のキャラクターは彼によって作り出されてはいない。

　子どものころ，ウェバーのお気に入りの本の1つはT・S・エリオットの『キャッツ—ポッサムおじさんの猫とつき合う法』であった。これは，何匹かの猫の性格を描写する詩集である。例えば，キャラクターの1匹は，皆の注目の的でありたいと思っている。別のキャラクターは，日中は怠け者のように見えるが，夜にはネズミや昆虫が問題を起こすのを防ぐためにひそかに一生懸命働いている。ウェバーは彼のミュージカルの歌のためにこれらの詩の言葉を使い，そしてこれらの猫がともに暮らす世界を作り上げた。

　ウェバーは1977年に『キャッツ』の制作に取り組み始め，それは1981年にロンドンで初めて上演された。それはあまりにも人気だったので，21年後もまだそこで上演されていた。同様に，1982年にニューヨークのブロードウェイで初めて上演された後，それはそこで18年間上演された。『キャッツ』は世界中で人気となった。実際，そのショーは15言語に翻訳され，30か国以上で上演され，7,300万人以上の人々によって鑑賞されてきた。

(24)—解答 ② ••
　解説 第1段落第3文にウェバーの作品のキャラクターはよく知られた物語から取られたという記述がある。そして空所のある文では，『キャッツ』のキャラクターはウェバーのほかの多くのミュージカルと同様であるということが述べられている。つまり『キャッツ』のキャラクターは not created by him「彼によって作り出されてはいない」ということである。

(25)—解答 ③ ••
　解説 空所前ではウェバーのお気に入りの詩集『キャッツ—ポッサムおじさんの猫とつき合う法』が紹介されている。空所後ではその詩集の中の猫たちの性格が具体例とともに述べられている。つまりその詩集は the personalities of some cats「何匹かの猫の性格」を描写する詩集であるということがわかる。

(26)—解答 ④ ••
　解説 空所前では『キャッツ』が21年間ロンドンで上演され続けていたことが

年度第**2**回　筆記

47

述べられている。また，空所後ではニューヨークでも『キャッツ』が18年間上演され続けたことが報告されている。この2つの類似した現象をつなげる語句としては Similarly「同様に」が最も適している。In any case「いずれにしても」，Unfortunately「不幸にも」，By mistake「誤って」

A 全文訳

発信人：マイケル・グリーン <mikeyg4000@friendlymail.com>
宛先：テレビジョン・デポ・カスタマーサービス <service@televisiondepot.com>
日付：10月9日
件名：ZX950 LCD TV
カスタマーサービスご担当者様

　インターネットで ZX950 LCD TV の素晴らしいレビューをいくつか読んで，私はテレビジョン・デポのオンラインショップで1台購入しました。製品が到着したとき，それは完璧な状態のようで，私はそのテレビの取扱説明書に従ってうまく設置することができました。しかし，いったん使い始めてみると，問題があることに気づきました。

　リモコンでテレビの音量を調節することができませんでした。リモコンの電池を換えてみましたが，それで問題は解決しませんでした。私は取扱説明書に目を通してみましたが，解決策を見つけることはできませんでした。テレビのボタンで音量を調節できますが，このようにすることがいかに不便であるかはきっと理解していただけると思っております。

　代わりのリモコンを手に入れることは可能でしょうか。またはテレビも返品する必要があるのでしょうか。あのような大きなテレビを箱に戻すのは難しいので，返品する必要がなければよいと思っています。ここ数日中にこの問題を解決していただけるとよいのですが。私は次の週末に始まるヨーロッパのサッカートーナメントを見るために，新しいテレビを使いたいと強く思っています。お返事をお待ちしております。

敬具
マイケル・グリーン

(27)— 解答 **2** •••••••••••••••••••••••••••••••• 正答率 ★75%以上

質問の訳 マイケル・グリーンが購入したテレビについて言っていることの1つは何か。

選択肢の訳 **1** それは取扱説明書なしで彼に送られた。
2 それはいくつかの肯定的なオンラインレビューを受けた。
3 彼は地元のテレビジョン・デポの店でそれを買った。
4 彼はそれが最近セールになっていたので，それを選んだ。

解説 第1段落第1文に After reading several excellent reviews of the

48

ZX950 LCD TV on the Internet, I purchased one from your Television Depot online store. とあるので，そのテレビは肯定的なオンラインレビューを受けたことがわかる。

(28)―解答 ① ･･････････････････････････････････ 正答率 ★75%以上

質問の訳 そのテレビにはどんな問題があるとマイケル・グリーンは言っているか。

選択肢の訳
1 音量のレベルがリモコンで変えられない。
2 リモコンはわずか数時間で電池を使い切ってしまう。
3 テレビのボタンが機能していないようである。
4 テレビは時々突然電源が切れる。

解説 第 2 段落第 1 文に I was unable to adjust the volume of the TV with the remote control. とあるので，音量をリモコンで調節できないことがわかる。

(29)―解答 ② ･･････････････････････････････････ 正答率 ★75%以上

質問の訳 マイケル・グリーンがカスタマーサービスの担当者に望むことは

選択肢の訳
1 彼がテレビを箱に戻すのを手伝ってくれる誰かを派遣することだ。
2 彼がスポーツのイベントを見るのに間に合うようにその問題を解決することだ。
3 テレビジョン・デポによって後援されているトーナメントについて彼に教えてくれることだ。
4 彼が自分でその問題を解決できるように指示を出してくれることだ。

解説 第 3 段落第 3 文と第 4 文に次の週末に行われるヨーロッパのサッカートーナメントを見るために新しいテレビを使いたいので数日中に問題を解決してほしい，とマイケル・グリーンが思っていることが述べられているので，正解は **2** となる。

B　全文訳　皇后のお気に入りの服

　バングラデシュというアジアの国は世界で最も服を輸出する国の 1 つである。低賃金と現代技術がバングラデシュの衣料品工場が安い服を生産することを可能にした。しかし，19 世紀までその国はダッカ・モスリンと呼ばれるぜいたくな生地を生産していた。多くの人がこの生地を今まで作られたものの中で最も素晴らしいものとみなしており，その価格は最も高品質のシルクの 20 倍以上であった。それはプティ・カーパスと呼ばれる植物からとれる綿を使って生産された。この種の綿はとても細い糸に加工することができ，その糸は信じられないほど柔らかく軽い生地を作るのに使用できる。

　ダッカ・モスリンは作るのが難しかったが，裕福な人々は製造業者が要求する高い値段を喜んで支払っていた。この生地の名声はヨーロッパに広がり，フランス皇帝ナポレオンの妻がダッカ・モスリンから作られたドレスを着ることをとても好んだ。しかし，バングラデシュを含む地域が大英帝国の一部になったとき，イギリスの貿易商はより安い値段でより多くの生地を生産するようダッカ・モスリンの製造業者に圧力をかけた。

最終的には，全ての製造業者が低品質の生地を作るか製造をやめるかのどちらかに決めた。

　2013年に，ロンドンに住むバングラデシュ人のサイフル・イスラムはダッカ・モスリンについての展示会を企画するよう依頼された。イスラムはこの素材の品質の高さに非常に驚いた。彼はダッカ・モスリンを再び作ることは可能かどうかを考えた。残念なことに，彼はバングラデシュでプティ・カーパスを1つも見つけることができなかった。しかし，博物館にあったプティ・カーパスの乾燥した葉からのDNAを使うことで，彼はほぼ同じである種を見つけることができた。

　イスラムはこの種の植物から綿を採取したが，彼が作った糸はあまりにも細く簡単に切れてしまった。彼は，その綿をほかの植物からとれるものと混ぜ合わせなければならなかった。しかしこの混合物から作られた糸は依然として普通のものよりもはるかに細かった。多大な努力の末，イスラムと彼のチームはダッカ・モスリンとほとんど同じくらい良い生地を作り出した。彼はその製造技術を改善し続けたいと思っている。バングラデシュ政府は自国を世界で最も素晴らしい生地の生産者として知ってもらいたいため，彼を支援している。

(30)—解答 ④

質問の訳 ダッカ・モスリンとして知られている生地について正しいものはどれか。

選択肢の訳
1 その細い糸はシルクのそれよりも20倍以上強い。
2 それはバングラデシュが服の主要な輸出国になるのを妨げた。
3 現代技術は工場がそれを安く生産することを可能にした。
4 多くの人がそれはこれまでにあった中で最も良い種類であると言っている。

解説 第1段落第4文にMany regard this cloth as the finest ever madeとあるので，ダッカ・モスリンがこれまでの中で最も良い種類の生地であると多くの人が考えていることがわかる。問題文のthe finest ever madeが選択肢ではthe best kind that there has ever beenと言い換えられている。

(31)—解答 ④

質問の訳 イギリスの貿易商によってなされた要求の結果として何が起きたか。

選択肢の訳
1 ヨーロッパの顧客の興味を引くためにさまざまな色が導入された。
2 ヨーロッパにおけるダッカ・モスリンの価格は劇的に上がった。
3 製造業者はより良い生地を作るためにイギリスの技術を使い始めた。
4 高品質のダッカ・モスリンの生産は完全に止まった。

解説 第2段落第3文と最終文にイギリスの貿易商が安い値段でより多くの生地を作るよう製造業者に圧力をかけ，その結果全ての業者が高品質の生地を作ることをやめてしまったことが述べられているので，正解は**4**。

(32)—解答 ①

質問の訳 サイフル・イスラムがプティ・カーパスの葉からのDNAを使ったのは

1 ダッカ・モスリンを作るために使われたのと似た植物を見つけるため。

2 ダッカ・モスリンのサンプルが本物か偽物かを確認するため。

3 展示会でダッカ・モスリンの進化を説明するため。

4 ロンドンの実験室で人工的なダッカ・モスリンを作り出すため。

解説 第3段落最終文にイスラムが乾燥したプティ・カーパスの葉からのDNAを使ってダッカ・モスリンを作るために使われた植物とほぼ同じ植物を見つけることができたことが述べられている。よって正解は**1**。

(33)—解答 ① ‥‥‥‥‥‥‥‥‥‥‥‥‥‥ 正答率 ★75%以上

質問の訳 なぜバングラデシュ政府はイスラムの努力を支援しているのか。

選択肢の訳 **1** その国を高品質の生地を生産することで有名にしたいから。

2 彼のプロジェクトはバングラデシュ人のために新しい仕事を生み出すだろうと信じているから。

3 もし彼が追加の経済的支援を得られなければ，彼はやめるだろうから。

4 彼がもっと簡単に安い服を生産する方法を発見するかもしれないから。

解説 第4段落最終文からバングラデシュ政府が高品質の生地を作ることで自国を有名にしたいと考えているためにイスラムを支援していることがわかる。

C 全文訳 砂漠の楽しみ

トホノ・オオダム族の人々は，ソノラ砂漠出身のアメリカ先住民である。実際，この部族の名前は彼ら自身の言語で「砂漠の民」を意味する。ソノラ砂漠はアメリカとメキシコの国境線周辺に位置する。伝統的に，トホノ・オオダム族の人々は村に住み，豆，トウモロコシ，メロンといった作物を栽培した。彼らはまた，砂漠で見つかる野生の植物や動物も食料とした。

ソノラ砂漠は暑くて乾燥しているけれども，そこには2,000以上のさまざまな植物の種が自生している。数百のこれらの植物は人々が食べても安全である。ソノラ砂漠にそれだけ多くの植物種がいる理由は2つある。1つは，そこにはさまざまな種類の土壌があり，これらが多くの種類の植物の成長を支えている，ということ。もう1つは，砂漠はほとんど乾燥しているけれど毎年数回，冬に1回，夏に1回は雨が降る，ということである。この雨はある種の植物が生き残るには十分である。

砂漠の植物の1つであるサグアロサボテンはトホノ・オオダム族の人々にとって特に重要である。サグアロサボテンは200年以上生き，15メートル以上の大きさに育つことがある。1年に1度，6月ごろに，それらは赤い実をつける。この果実，サグアロフルーツは，長い間トホノ・オオダム族の人々のお気に入りの食べ物であった。その果実が食べごろになると，家族がともに働き，サボテンからそれをたたき落として集める。

その果実は新鮮なときは甘くておいしい。そしてそれは長期間保存できるよう，ソースやワインにすることもできる。

　トホノ・オオダム族の人々はとても独立心が強く，長い間彼らの伝統的な生活様式を守るために戦った。しかし，20世紀初頭，アメリカ政府は彼らに生活様式を変えることを強要した。トホノ・オオダム族の子どもたちに英語を学ばせ，彼ら自身の文化を忘れさせるために政府は彼らを学校へと送った。多くが彼らの伝統的な生活様式に従うことをやめた。しかし，最近になって，サグアロフルーツを集めて食べることを含めて，彼らの種族の絶滅寸前の伝統を取り戻し始めたトホノ・オオダム族の人々もいる。

(34)— 解答 ②

質問の訳 北アメリカのトホノ・オオダム族の人々について正しいものはどれか。

選択肢の訳
1　彼らはかつてメキシコとアメリカの国境線を守っていた。
2　彼らは小さな共同体の中で暮らし，乾燥した地域で農園を営んだ。
3　彼らは彼ら自身の食べ物を育てる代わりに，野生の植物と動物を食べた。
4　彼らは故郷を離れてソノラ砂漠に住むことを強要された。

解説 第1段落第4文に the Tohono O'odham people lived in villages and grew crops とあるので，正解は **2** である。lived in villages が選択肢では lived in small communities に，grew crops が選択肢では kept farms にそれぞれ言い換えられている。

(35)— 解答 ②

質問の訳 2,000以上のさまざまな種類の植物がソノラ砂漠で生き残ることができる理由の1つは何か。

選択肢の訳
1　その地域の日光は，ある種の植物が実のところそこでより成長できることを意味する。
2　ソノラ砂漠では植物が成長することを可能にするのに十分な雨が年2回降る。
3　その地域に，それらを食べる人間や野生動物がほとんど住んでいない。
4　ほとんどあらゆる植物が成長できる1種類の土壌がその砂漠には存在する。

解説 第2段落第5文と最終文にソノラ砂漠には植物が成長することを可能にするのに十分な雨が冬に1回，夏に1回降るという記述があるので，正解は **2** となる。

(36)— 解答 ①

質問の訳 サグアロサボテンは

選択肢の訳
1　その地域の人々が長い間味わってきた果実を実らせる。
2　およそ200年前にトホノ・オオダム族の人々によって発見された。
3　水に達するために地下15メートルまで伸びる根を持つ。

　　4　伝統的なワインから作られる特別なソースとともに食べるのが最も良い。

解説 第3段落第3文に they (＝saguaro cactuses) produce red fruit とあり，第4文にこの果実は長い間トホノ・オオダム族のお気に入りの果実であったとあるので，正解は **1**。

(37)—解答 ①

質問の訳 なぜ多くのトホノ・オオダム族の人々は彼らの伝統に従うことをやめたのか。

選択肢の訳
1　アメリカ政府が彼らにもっとほかのアメリカ国民と同様に振る舞うことを望んだから。
2　アメリカ政府は彼らに勉強のために海外を旅行する機会を提供したから。
3　彼らは彼らの子どもたちが良い学校に入れるように子どもたちに英語を勉強してもらいたかったから。
4　彼らは20世紀初頭に起きた戦争の後，独立を失ったから。

解説 第4段落第2文～第4文にかけてアメリカ政府が彼らに生活様式を変えるように強要し，その結果多くのトホノ・オオダム族の人々が彼らの伝統を捨てたことがわかる。

(38)—解答 ④

質問の訳 以下の記述のうち正しいのはどれか。

選択肢の訳
1　サグアロフルーツを集める方法は，その果実がなる植物を危険にさらしている。
2　トホノ・オオダム族の名前は，その人々のお気に入りの食べ物から来ている。
3　ソノラ砂漠の土壌は冬と夏では異なっている。
4　トホノ・オオダム族の人々には，家族集団で果実を集めるという伝統がある。

解説 第3段落第5文に When the fruit is ready to eat, families work together to knock it down from the cactuses and collect it. とあるので，トホノ・オオダム族には家族集団で果実を集める伝統があることがわかる。

一次試験・筆記 **4** 問題編 p.68

トピックの訳 日本はほかの国々から日本で働く人々をもっと受け入れるべきであると言う人がいます。あなたはこの意見に同意しますか。

ポイントの訳 高齢化社会　文化　言語

解答例 I agree that Japan should accept more people from other countries to work in Japan. First, in this aging society, it is necessary to increase the working-age population. This is especially important for workplaces that need many workers, such as construction sites and nursing homes. Second, accepting people from abroad will bring new ideas to Japanese society. By exchanging opinions with people who have different cultures and customs, people will be able to make something new and creative. Therefore, I think accepting more foreign workers would be a good idea for Japan.

解答例の訳 日本はほかの国々から日本で働く人々をもっと受け入れるべきであるということに同意します。第1に，この高齢化社会では労働年齢人口を増やす必要があります。これは，建設現場や介護施設のような多くの働き手を必要としている職場にとって特に重要です。第2に，外国から人々を受け入れることは日本の社会に新しい考えをもたらすでしょう。異なる文化や習慣を持つ人々と意見を交換することによって，人々は何か新しくて創造的なものを作ることができるでしょう。それゆえに，もっと多くの外国人労働者を受け入れることは日本にとって良い考えだと思います。

解説 まずライティングで大切なことは，与えられたトピックについて自分が賛成か反対かを冒頭で明確に述べることである。I agree またはI disagree の後にトピックの文をそのままつなげれば主題文を作ることができる。その次に自分の意見を支持する理由を2つ挙げる。その際には，First, Second といった標識となる表現を用い，構成を明確にすることが重要である。そして最後にまとめ文として自分の意見をもう一度繰り返す。

解答例では同意する例が挙げられているが，同意しない場合には，日本語をあまり話せない人のための語学学校が十分にはないこと（There are not enough Japanese language schools for the foreign workers who have difficulty in speaking Japanese.）や文化や習慣の違いから地域住民と外国人労働者の間にトラブルが生じる可能性があること（There might be a possibility that the differences in cultures and customs causes problems between local people and workers from other countries.）などを理由として挙げることも可能である。

No.1－解答 **3** ・・・・・・・・・・・・・・・・・・・・・・・・・・・ 正答率 ★**75%以上**

放送英文 ☆： Excuse me. I'm looking for Cherry Avenue. Is it near here?

★： Actually, it's pretty far away. Is that a map you're looking at?

☆： Yes. My friend drew me a map to his new house, but I'm having trouble following it.

★： I can tell he doesn't know this part of town very well. His map is all wrong.

Question: What is the woman's problem?

全文訳 ☆： すみません。チェリー・アベニューを探しているんです。この近くですか。

★： 実はかなり遠いですよ。あなたが見ているのは地図ですか。

☆： ええ。私の友だちが彼の新しい家への地図を描いてくれたんですが，地図の通りに進むのに苦労しているんです。

★： 彼は町のこの辺りをよく知らないことが私にはわかります。彼の地図は全て間違っています。

Q：女性の問題は何か。

選択肢の訳 1 彼女は地図をなくした。

2 彼女は疲れ過ぎてもはや歩けない。

3 彼女は友だちの家を見つけることができない。

4 彼女は近所の人たちが好きではない。

解説 友だちの家への地図があるのだが，その地図の通りに進むのに苦労していると言う女性の発言に対して，男性がその地図は全て間違っていると言っている。このことから女性は友だちの家を見つけることができずに困っていることがわかる。

No.2－解答 **4** ・・・・・・・・・・・・・・・・・・・・・・・・・・・ 正答率 ★**75%以上**

放送英文 ☆： Excuse me, sir. I'd like to buy a bottle of red wine for my friend's birthday, but I don't know much about wine. Red is her favorite, though.

★： Well, these over here are red wines from France. They're quite popular with our customers.

☆： Hmm. Those are a little too expensive for me. Do you have anything cheaper?

★： Sure. Let me show you some wines that are on sale.

Question: What is one thing the woman says?

全文訳 ☆： すみません。友だちの誕生日のために赤ワインを1本買いたいのですが，

ワインについてよく知らないんです。でも，赤は彼女のお気に入りなんです。

★： えーと，この辺りにあるのがフランス産の赤ワインです。当店のお客様にはとても人気です。

☆： うーん。私にとってそれらはちょっと高過ぎます。もっと安いものはありますか。

★： もちろんです。セール中のワインをお見せいたします。

Q：女性が言っている 1 つのことは何か。

選択肢の訳　**1** 赤ワインは彼女のお気に入りである。

2 彼女の友だちはフランス産のワインが好きではない。

3 彼女はフランスで多くのワインを飲んだ。

4 彼女はあまり多くのお金を使いたくない。

解説　女性の 2 番目の発言に Those are a little too expensive for me. Do you have anything cheaper? とあり，女性があまり多くのお金を使いたくないことがわかる。

No.3 – 解答 ④

放送英文　★： Thank you for calling the Sandwich Company. What can I do for you?

☆： Hi. I'd like to order a large tomato sandwich with extra bacon and light mayonnaise on white bread.

★： All right, ma'am. I can have that ready in about 10 minutes. Can I have your name, please?

☆： It's Andrea. Thanks! I'll be there soon.

Question: What will the woman do next?

全文訳　★： サンドイッチ・カンパニーにお電話いただきましてありがとうございます。ご注文はいかがいたしましょうか。

☆： もしもし，トマトサンドイッチのラージを，ベーコン増量で，低カロリーマヨネーズをのせた白パンで注文したいのですが。

★： 承知いたしました。およそ 10 分でご用意できます。お名前を伺ってもよろしいでしょうか。

☆： アンドレアよ。ありがとう！　すぐに行きます。

Q：女性は次に何をするか。

選択肢の訳　**1** ほかのレストランに電話をする。

2 スーパーマーケットに車で行く。

3 昼食にサンドイッチを作る。

4 食べ物を取りに行く。

解説　サンドイッチの注文を済ませた女性が最後に I'll be there soon. と言っている。これは注文した食べ物を取りに行くということであり，正解は

4 になる。

No.**4** – 解答 ①

(放送英文) ★： Hi, Casey. How's your sister doing? I heard she's sick.

☆： Yeah, Eddie. She's at home in bed with a bad cold.

★： That doesn't sound good. Has she seen a doctor?

☆： No, but my mom gave her some medicine this morning. Hopefully, she'll be all right in a few days.

Question: What do we learn about Casey's sister?

(全文訳) ★： やあ，ケイシー。お姉さん［妹さん］の具合はどう？　病気だって聞いたけど。

☆： ええ，エディ。彼女はたちの悪い風邪にかかって家で寝ているわ。

★： それは良くないね。医者に診てもらったの？

☆： いいえ，でも母が今朝彼女に薬をあげていたわ。2，3日中に良くなるといいのだけれど。

Q：ケイシーの姉［妹］について何がわかるか。

(選択肢の訳) 1　彼女は家で病気で寝ている。

2　彼女はエディに風邪をうつした。

3　彼女は2，3日で退院するだろう。

4　彼女は医者から薬をもらった。

(解説) How's your sister doing? と尋ねた男性に対して，女性は She's at home in bed with a bad cold. と答えている。つまり女性の姉［妹］は風邪のために家で寝ているということであり，正解は **1** となる。

No.**5** – 解答 ②　　　　　　　　　　　　　　　　　　　正答率 ★75%以上

(放送英文) ☆： Hey, John. Are you going to Lucy's party this weekend? All of our friends will be there.

★： I really want to, but I'm scheduled to work Saturday night.

☆： That's too bad. Lucy really wanted you to come.

★： I know. I'll be sure to go to the next party she invites me to.

Question: Why will John not go to the party?

(全文訳) ☆： こんにちは，ジョン。今週末，ルーシーのパーティーに行くつもり？　私たちの友だち全員が行く予定よ。

★： 本当に行きたいんだけど，土曜日の夜に働く予定になっているんだ。

☆： それは残念ね。ルーシーは本当にあなたに来てほしいと思っていたわ。

★： 知っているよ。彼女が招待してくれる次のパーティーには必ず行くようにするよ。

Q：ジョンはなぜパーティーに行かないのか。

(選択肢の訳) 1　彼はほかの友だちを訪ねるから。

2　彼は土曜日の夜に働かなければならないから。

3 彼は気分が良くないから。

4 彼は招待されていないから。

男性の最初の発言に I'm scheduled to work Saturday night とあり，男性が土曜日の夜に仕事があり，パーティーに行けないことがわかる。選択肢ではこの部分が He has to work on Saturday night. と言い換えられていることに注意。

No.**6** ‐解答 ④

放送英文 ★： Hey, Laura, do you have plans for Sunday? We're going to go bowling at three, and you should come, too!

☆： Oh, bowling is so much fun. But I'm busy on Sunday afternoons.

★： That's too bad. What do you do then?

☆： I go horseback riding. My cousin and I have been taking lessons together.

Question: What does the girl do on Sunday afternoons?

全文訳 ★： やあ，ローラ，日曜日の予定はある？ ３時にボウリングに行くんだけど，君も来なよ！

☆： そうね，ボウリングはとても楽しいわよね。でも毎週日曜日の午後は忙しいの。

★： それは残念だ。その時間には何をするんだい？

☆： 乗馬に行くのよ。いとこと私は一緒にレッスンを受けているの。

Q：毎週日曜日の午後，女の子は何をするか。

選択肢の訳 **1** 彼女は音楽のレッスンを受ける。

2 彼女は友だちとボウリングに行く。

3 彼女はいとこの宿題を手伝う。

4 彼女は乗馬を習う。

解説 日曜日の午後は何をしているのかという男の子の質問に対して，女の子は I go horseback riding. My cousin and I have been taking lessons together. と答えている。つまり彼女は乗馬を習うということ。

No.**7** ‐解答 ③

正答率 ★75%以上

放送英文 ☆： I'm looking for a gift for my four-year-old son. He really likes teddy bears.

★： Well, we have many different colors and sizes. What are you looking for?

☆： Actually, a really big one would be great. He likes to hug one while he sleeps.

★： We should have some that are as big as large pillows. Let me check if we have what you're looking for.

Question: What does the woman want to buy?

58

全文訳 ☆： 私の4歳の息子のためにプレゼントを探しているのです。彼は本当にテ
ディベアが好きなんです。

★： それでしたら,当店ではさまざまな色とサイズをご用意しております。ど
のようなものをお探しでしょうか。

☆： 実際,本当に大きなものが良いと思います。彼は寝ながらそれを抱きしめ
るのが好きなんです。

★： 大きな枕と同じ大きさのものがいくつかあるはずです。お客様がお探しの
ものがあるかどうか確認しましょう。

Q：女性は何を買いたいのか。

選択肢の訳 1 クマが描かれているシャツ。

2 柔らかい枕。

3 大きなテディベア。

4 彼女の息子のためのベッド。

解説 女性の最初の発言から彼女が息子のためにテディベアを探していること
が,そして2番目の発言から抱きしめられるくらい大きなものが良いと
女性が考えていることがわかる。よって正解は**3**となる。

No.**8** - 解答 **4**

放送英文 ★： My plant looks a little yellow. Do you think I used the wrong kind
of soil?

☆： The soil looks too wet to me. How often have you been watering
it?

★： Every two days. I recently put it in a bigger pot and moved it
closer to the window, too.

☆： Don't water it too much. Leaves can turn yellow when a plant gets
too much water.

Question: What does the woman suggest doing about the plant?

全文訳 ★： 僕の植物はちょっと黄色っぽく見えるんだ。僕は間違った種類の土を使っ
てしまったと思う？

☆： 私には土が濡れ過ぎているように見えるわ。どのくらいの頻度で水やりを
しているの？

★： 1日おきかな。僕は最近それをより大きな鉢に入れて,窓により近い場所
にも移したんだ。

☆： あまり水をやり過ぎないで。植物は水をやり過ぎると葉が黄色になること
があるの。

Q：女性はその植物について何をすることを提案しているか。

選択肢の訳 1 土を変えること。

2 それをより大きな鉢に入れること。

3 それにもっと光を当てること。

4 与える水を少なくすること。

解説 女性の2番目の発言にDon't water it too much. Leaves can turn yellow when a plant gets too much water. とあり，水をやり過ぎないように女性が提案しているのがわかる。water it のwater は動詞で「〜に水を与える」という意味。

No.9 –解答 ①

放送英文 ☆： James, did you buy the meat for the barbecue?

★： Oh, no. I forgot! I'll get it tomorrow on my way home from work.

☆： OK. Please don't forget. Everybody is coming at six.

★： Can you call me at work tomorrow to remind me? You know how bad my memory is.

Question: What did James forget to do?

全文訳 ☆： ジェームズ，バーベキュー用のお肉を買ってくれた？

★： うわ，しまった。忘れたよ！　明日仕事から家に帰る途中に買うよ。

☆： わかったわ。忘れないでね。皆は6時に来るわ。

★： 僕に思い出させるために明日職場に電話をしてくれないか。僕の記憶力がいかに悪いか君は知っているよね。

Q：ジェームズは何をし忘れたのか。

選択肢の訳 **1** 肉を買う。

　　　　2 友だちに電話をする。

　　　　3 パーティーに行く。

　　　　4 早く帰宅する。

解説 バーベキュー用の肉を買ったかどうか女性が尋ねると，男性はI forgot! と答えている。つまり肉を買い忘れたということであり，正解は**1**となる。

No.10 解答 ③

放送英文 ☆： Welcome to Jessie's Comic Books. How can I help you?

★： I'd like to buy some old copies of a comic I used to read when I was a kid. It's called *Wild Cowboys*.

☆： Oh, I used to read that comic book when I was young, too. Unfortunately, you'll have trouble finding it at most stores. You should look for used copies online.

★： OK. I'll try that.

Question: How will the man try to find a copy of the comic book *Wild Cowboys*?

全文訳 ☆： ジェシーズ・コミックブックスにようこそ。何をお探しですか。

★： 子どものころに読んでいた古い漫画を数冊買いたいんです。『ワイルド・カウボーイズ』というんです。

☆： あら，私も小さいときにその漫画を読んでいました。残念ながら，ほとんどのお店でそれを見つけることは難しいでしょう。オンラインで中古本を探した方がいいですよ。

★： わかりました。それを試してみます。

Q：男性はどのようにして『ワイルド・カウボーイズ』という漫画を見つけようとするか。

選択肢の訳　1　彼は出版社に手紙を書くだろう。
2　彼は別の店に行くだろう。
3　彼はインターネットを使うだろう。
4　彼は自分の地下室を探すだろう。

解説　女性は2番目の発言で，オンラインで中古本を探した方が良いと提案しており，それに対して男性は I'll try that. と答えている。つまり男性はインターネットを使ってその漫画を探すつもりである。

No.11 解答 ①

放送英文　★： Honey, you were running for longer than usual. What took you so long?

☆： Well, I was running on Forest Avenue when I saw a big, brown dog. It didn't look very friendly.

★： Did it try to bite you?

☆： No, but it was scary. I turned around and went the other way for a while. I ended up taking a longer way home, just in case.

Question: What do we learn about the woman?

全文訳　★： ハニー，いつもより長く走っていたね。なんでそんなに時間がかかったんだい？

☆： えーと，フォレスト・アベニューを走っていたら大きな茶色の犬を見かけたの。その犬はあまり人懐っこいように見えなかったわ。

★： 君を噛もうとしたのかい？

☆： いえ，でも恐ろしかったわ。私は向きを変えてしばらくほかの方向へ行ったの。結局，念のため遠回りをして家に帰ることにしたのよ。

Q：女性について何がわかるか。

選択肢の訳　1　彼女は犬におびえていた。
2　彼女は走っている間に脚をけがした。
3　彼女は長い間犬を散歩させた。
4　彼女は頻繁には走りに行かない。

解説　女性の最初の発言で彼女が大きな茶色の犬を見かけたことが，2番目の発言でそれが恐ろしかったことがそれぞれ述べられている。よって正解は 1 となる。本文中の it was scary が選択肢では She was frightened by a dog. と言い換えられている。

No.12 解答 ①

☆： Hello?

★： Hi, Liz. It's John. Can I talk to you about your boyfriend?

☆： Sure. What is it?

★： You know I'm doing a history report with him, right? Well, I feel like I'm doing all the work.

☆： I see. Well, he's not lazy, but he's the kind of person that waits to be told what to do. I'll try talking to him for you.

Question: What is one thing the girl says about her boyfriend?

全文訳 ☆： もしもし。

★： もしもし，リズ。ジョンだよ。君の彼氏についてちょっと話をしてもいいかな？

☆： もちろん。何？

★： 僕が彼と一緒に歴史のレポートをやっているのは知っているよね？　えーと，僕が全ての作業をやっているような感じがするんだ。

☆： わかったわ。そうねえ，彼は怠け者ではないんだけど，何をするべきか言われるのを待っているタイプの人間なの。あなたのために彼に話をしてみるわ。

Q：女の子が彼女の彼氏について言っている 1 つのことは何か。

選択肢の訳　**1** 彼は何をするべきかを言われるのを待つ。

2 彼は優秀な歴史専攻の学生である。

3 彼はレポートを 1 人でやりたいと思っている。

4 彼は怠け者な時もある。

解説 女の子の 3 番目の発言に he's the kind of person that waits to be told what to do とあり，彼女の彼氏は何をするべきかを言われるのを待っているタイプの人間であることがわかる。女の子の 3 番目の発言の中に出てくる lazy に引っ張られて **4** を選ばないように注意が必要である。

No.13 解答 ③

★： No! The other team scored again. That's the second time this inning.

☆： Yeah. The Gray Sox aren't playing very well. Their defense is so bad.

★： They've been bad all season. I can't believe the newspapers were picking them to win the championship at the beginning of the season!

☆： I know. Well, I hope they fire the manager soon. The team needs someone who can show these players how to win.

Question: Why are the man and woman upset with the Gray

Sox?

全文訳　★： うわ！　また相手チームが点を入れた。このイニングで2回目だ。

☆： ええ。グレイ・ソックスの調子はあまり良くないわね。守りがとても悪いわ。

★： シーズンを通してずっと悪いね。今シーズンの最初に新聞各社が優勝するチームとして彼らを選んでいたなんて信じられないよ！

☆： そうね。すぐに監督をクビにしてほしいわ。チームは試合の勝ち方を選手たちに教えることができる人物を必要としているのよ。
Q：なぜ男性と女性はグレイ・ソックスに腹を立てているのか。

選択肢の訳　1　彼らの優勝パレードが取りやめになった。

2　彼らの監督がチームを変えつつある。

3　彼らのプレイはずっと良くない。

4　彼らは良い球場を持っていない。

解説　女性の最初の発言でグレイ・ソックスの調子が悪いことが，それを受けた男性の発言でシーズンを通してずっと彼らの成績が悪いことがそれぞれ述べられている。よって正解は **3** となる。

No.14 解答

放送英文　☆： Ken, are you going anywhere for vacation?

★： Maybe. I'm still planning. I'd like to go somewhere quiet—maybe camping in the mountains ... or an Alaskan fishing trip, something like that.

☆： Wow. I didn't know you liked that kind of thing.

★： Well, I went to a crowded resort in Mexico last year, and before that I went to Europe. I'd like to try something different.
Question: Where does the man want to go on his vacation?

全文訳　☆： ケン，休暇にどこかに行くつもり？

★： たぶんね。まだ計画中だよ。どこか静かなところへ行きたいな。たぶん，山でキャンプとか…あるいはアラスカで釣り旅行とか，そんな感じの。

☆： へえー，あなたがそのようなことが好きだなんて知らなかったわ。

★： えーと，去年メキシコの混雑したリゾートに行ったし，その前はヨーロッパに行ったんだ。何か違うことを試してみたいんだ。
Q：男性は休暇でどこに行きたいのか。

選択肢の訳　1　どこかほとんど人がいない場所。

2　どこか彼の家の近く。

3　ヨーロッパのいくつかの都市。

4　メキシコのビーチリゾート。

解説　男性の最初の発言に I'd like to go somewhere quiet とあり，男性が静かな場所に行きたがっていることがわかる。これが選択肢では

Somewhere with few people. と言い換えられていることに注意。

No.15 解答 ③ •

放送英文　☆： Dan, the town hall meeting is tonight.

★： Oh no. Tonight? The baseball game's on TV, and those meetings are always so boring. I don't think I'm going.

☆： But honey, I think you should come with me. We're voting on whether to build a new park for the kids. I think we should go.

★： Oh, well, maybe you are right. The neighborhood kids do need somewhere to play.

Question: What does the woman tell her husband?

全文訳　☆： ダン，タウンホール・ミーティングは今夜よ。

★： えー，今夜？　野球の試合がテレビであるんだ。それにああいったミーティングはいつもとても退屈だよね。僕は行かないよ。

☆： でもあなた，私と一緒に来るべきだと思うわ。子どもたちのために新しい公園を作るかどうかの投票をするのよ。私たちは行くべきだと思うわ。

★： そうか，そうだね，たぶん君が正しいよ。この近所の子どもたちにはどこか遊ぶ場所が実際必要だよ。

Q：女性は夫に何を話しているか。

選択肢の訳　**1**　野球の試合が今晩テレビである。

2　町は新しい町役場を建てるだろう。

3　彼は彼女と一緒にミーティングに行くべきである。

4　彼は子どもたちを公園に連れていくべきである。

解説　女性の2番目の発言に I think you should come with me とあり，女性が男性に彼女と一緒にミーティングに行くべきだと話していることがわかる。

 一次試験・リスニング　第**2**部　問題編 p.71〜73　🔊 ▶MP3 ▶アプリ

No.16 解答 ④ •

放送英文　Vivian is thinking of selling her old car. It still works well and does not use a lot of gasoline, but it only has two doors. Vivian wants a bigger car with four doors so that her three children can get in and out more easily.

Question: Why is Vivian thinking of selling her old car?

全文訳　ビビアンは彼女の古い車を売ろうと考えている。それはまだよく動くし，多くのガソリンを消費するわけではないが，ドアが2つしかない。ビビアンは彼女の3人の子どもがより簡単に乗り降りできるよう4つのドア

64

がついているより大きな車を欲しいと思っている。

Q：ビビアンはなぜ彼女の古い車を売ろうと考えているのか。

選択肢の訳 **1** それは彼女には大き過ぎるから。

2 それがあまりに多くのガソリンを消費するから。

3 彼女はより運転しやすいものを必要としているから。

4 彼女はより多くのドアがついているものが欲しいから。

解説 最終文に Vivian wants a bigger car with four doors とあり，ビビアンは 4 つのドアがついている大きな車を欲していることがわかる。

No.17 解答

22年度第2回 リスニング

放送英文 For many years, women have been wearing special clothes called corsets to make their bodies look thinner. Many people think that corsets were only worn by women. However, in the 18th century in England, men also wore corsets to look thin. In addition, today corsets are used to help men and women who have pain in their backs.

Question: What is one thing we learn about corsets?

全文訳 長年の間，女性は体が細く見えるようコルセットと呼ばれる特別な服を身に着けてきた。多くの人は，コルセットは女性にのみ着用されたと考えている。しかし，18 世紀のイギリスでは，男性も細く見えるようコルセットを着用した。さらに，今日では，コルセットは背中に痛みを抱える男女を助けるために使われている。

Q：コルセットについてわかる 1 つのことは何か。

選択肢の訳 **1** 細く見えるようそれらを着用する男性がいた。

2 イギリスではそれらを着用できなかった。

3 女性は公共の場でそれらを着用できなかった。

4 それらを着用することは背中の痛みを引き起こした。

解説 第 3 文に men also wore corsets to look thin とあり，コルセットを着用する男性もいたことがわかる。wear-wore-worn の動詞の変化形に注意。

No.18 解答

放送英文 Kana is a part-time waitress, and she usually works until late at night. This weekend, however, the café where she works will be closed because the kitchen is being cleaned. She thinks it is a good chance to get some rest, so she plans to stay home, read comic books, and eat snacks all day.

Question: What does Kana plan to do this weekend?

全文訳 カナはパートタイムのウエイトレスで，通常は夜遅くまで働く。しかし，この週末，彼女が働くカフェはキッチンが清掃されるために休みになる。

彼女はそれを休息する良い機会であると考え，一日中家にいて，漫画を読み，お菓子を食べる予定である。

Q：カナは今週末何をする予定か。

選択肢の訳 **1** カフェで漫画を読む。

2 彼女のキッチンを清掃する。

3 パートタイムで働く。

4 家でリラックスする。

解説 第2文から最終文にかけて，今週末彼女が働いているカフェが休みであり，そのため彼女が週末には一日中家にいて漫画を読んだりお菓子を食べたりする予定であることが述べられている。つまり彼女は家でリラックスする予定だということである。

No.19 解答

放送英文 Yumi bought a new video game yesterday after her friend had recommended it to her several times. At first, it was difficult, and the story was hard to understand. However, after a while, Yumi started to enjoy it because there were flying horses in it. She loves animals, and in the game, she had to catch horses and care for them.

Question: Why did Yumi start to like her new video game?

全文訳 ユミは彼女の友だちが何度か薦めてくれていたので，昨日新しいテレビゲームを購入した。最初，それは難しかったし，ストーリーを理解するのが困難だった。しかし，しばらくすると，ユミは空飛ぶ馬がいたのでそれを楽しみ始めた。彼女は動物が大好きで，そのゲームの中では，彼女は馬を捕まえ，それらの世話をしなければならなかった。

Q：なぜユミは彼女の新しいテレビゲームを好きになり始めたのか。

選択肢の訳 **1** 最初そのゲームをするのは簡単だったから。

2 空を飛べる馬がいたから。

3 彼女は友だちとゲームをすることができたから。

4 彼女は何度かゲームをすることができたから。

解説 第3文に Yumi started to enjoy it because there were flying horses in it とあり，空を飛ぶ馬がいたので彼女はゲームを楽しみ始めたということがわかる。

No.20 解答

放送英文 Michael usually rides his bicycle to work. This morning, he came across a car accident on the way. Luckily, no one had been hurt, but Michael ran over some broken glass from one of the cars. All the air went out of his tire, so he took his bicycle to a parking space near a station. After that, Michael had to run to his office with his backpack to be in time for work.

Question: Why did Michael have to run to his office this morning?

全文訳 マイケルは普段，自転車に乗って仕事に向かう。今朝，彼は途中で車の事故に出くわした。幸運にも，誰もけがしなかったが，マイケルは車の1台からの割れたガラスの上を自転車で走ってしまった。タイヤから全ての空気が抜けてしまったので，彼は自転車を駅の近くの駐輪スペースに持っていった。その後，マイケルは仕事に間に合うようバックパックを背負ってオフィスまで走らなければならなかった。

Q：なぜ今朝マイケルはオフィスまで走らなければならなかったのか。

選択肢の訳
1　彼は事故についての情報を提供しなければならなかったから。
2　彼はあまりにも遅く起きたので，電車に間に合わなかったから。
3　彼の自転車に問題があったから。
4　彼は駐輪スペースで自分の自転車を見つけることができなかったから。

解説 第3文から最終文にかけて，事故で飛び散ったガラスの上をマイケルは自転車で走ってしまい，タイヤがパンクしてしまったことが語られている。このことから彼の自転車に問題が発生してしまったのでオフィスまで走ったことがわかり，正解は**3**となる。

No.21 解答

放送英文 Many people decorate their homes with carpets. Some Persian carpets are very expensive and are given as gifts from parents to children. As a result, these carpets stay in one family for many years. In Siberia, a carpet has been found that is more than 2,500 years old. It is special because it was put into the ground with a prince after he died. Experts still do not know where it was made.

Question: Why was the carpet found in Siberia special?

全文訳 多くの人はじゅうたんで自分の家を装飾する。ペルシャじゅうたんの中にはとても高価で，両親から子どもへ贈り物として渡されるものがある。結果として，これらのじゅうたんは1つの家族の中で長年使い続けられる。シベリアで，2,500年以上昔のじゅうたんが発見された。それが特別なのは，ある王子の死後，それが彼とともに地中に埋められたからだ。専門家はそれがどこで作られたのかいまだにわかっていない。

Q：シベリアで発見されたじゅうたんはなぜ特別だったのか。

選択肢の訳
1　それがある王子とともに埋葬されたから。
2　それがシベリアの花で装飾されていたから。
3　それがペルシャの家族によって作られたから。

4 それが長年１つの家族とともにあったから。

解説 第５文に It is special because it was put into the ground with a prince after he died. とあり，それがある王子とともに埋葬されたので特別であったことがわかる。この部分が選択肢では It was buried together with a prince. と言い換えられていることに注意。

No.22 解答

放送英文 On Sunday morning, Robert went to his grandmother's house. She wanted to put some things, such as her old computer, dishes, and cooking tools, into boxes and move them from her kitchen to a closet. However, the boxes were too heavy for her to lift, so she wanted Robert to carry them for her.

Question: Why did Robert go to his grandmother's house?

全文訳 日曜日の朝，ロバートは彼の祖母の家に行った。彼女は，古いコンピューター，皿，料理器具のようないくつかのものを箱に詰め，それらをキッチンからクローゼットに運びたかった。しかし，それらの箱は重過ぎて彼女には運べなかったので，彼女はロバートにそれらを運んでほしかった。

Q：なぜロバートは彼の祖母の家へ行ったのか。

選択肢の訳
1 いくつか古いものを移動するため。
2 彼女のキッチンの窓を掃除するため。
3 コンピューターの使い方を彼女に教えるため。
4 彼女が料理をするのを助けるため。

解説 第２文から最終文にかけて，ロバートの祖母がいくつかのものを箱に詰めて移動したかったが，その箱が重過ぎて彼女には運べないため，ロバートに運んでほしかったことが語られている。ゆえに正解は **1** となる。

No.23 解答 ①

放送英文 Takeshi is a computer programmer. He spends all day sitting down, so sometimes his back hurts. The other day, he and his boss took a train to go to a meeting with a client. When he arrived at the client's office, he was surprised to see people working at high desks and standing instead of sitting. Takeshi was interested in the desks because he thought they would be good for his back.

Question: How did Takeshi become interested in high desks?

全文訳 タケシはコンピュータープログラマーである。彼は一日中座って過ごすので，時々背中が痛くなる。先日，彼と彼の上司は顧客とのミーティングに行くために電車に乗った。彼が顧客のオフィスに着いたとき，その人々が座る代わりに立ちながら背の高いデスクで仕事をしているのを

見て驚いた。タケシはそのデスクは彼の背中にとって良いだろうと思ったので，それらに興味を持った。

Q：どのようにしてタケシは背の高いデスクに興味を持ったのか。

選択肢の訳 **1** 彼はそれらがオフィスで使われているのを見た。

2 彼は電車でそれらの広告を見た。

3 彼は雑誌でそれらについて読んだ。

4 彼は彼の上司からそれらについて聞いた。

解説 第4文から最終文にかけて，タケシが顧客のオフィスで人々が背の高いデスクを使い，立ちながら仕事をしているのを見て，それらのデスクに興味を持ったことが述べられている。

No.24 解答 ②

放送英文 In recent years, the terms "cookies" and "biscuits" have sometimes been used to mean the same baked snacks. However, they were originally very different. Bakers used to make cookies to test the temperatures of ovens before baking cakes, and biscuits were originally eaten as food by sailors on very long trips.

Question: In what way were the first cookies and biscuits different?

全文訳 最近，「クッキー」と「ビスケット」という用語は時に同じ焼き菓子を意味するために使われてきている。しかし，それらはもともととても異なっていた。パン職人はケーキを焼く前にオーブンの温度を確かめるためにクッキーを作ったものだった。そしてビスケットはもともと，とても長い旅をしている水夫によって食料として食べられていた。

Q：最初のクッキーとビスケットはどのように異なっていたか。

選択肢の訳 **1** それらは異なる色で装飾されていた。

2 それらは異なる目的で作られた。

3 それらは異なる行事で売られた。

4 それらは異なる食事とともに出された。

解説 最終文では，クッキーはケーキを焼く前のオーブンの温度を確かめるために作られていたことが，またビスケットは水夫のための長期保存食として使われていたことがそれぞれ述べられている。つまり両者はそれぞれ異なる目的で作られたということである。

No.25 解答 ②

放送英文 Welcome to Bobby's Electronics Store. We sell everything from cameras and computers to washing machines. Need a new vacuum cleaner? Then, try out the new Super Max. Staff by the stairs on the second floor are demonstrating this incredible new device now. Also, be sure to pick up our free magazine with new special deals at the exit when you are ready to leave.

Question: Where can customers see the new vacuum cleaner?

全文訳 ボビーズ・エレクトロニクス・ストアへようこそ。当店はカメラ，コンピューターから洗濯機に至るまで何でも販売しております。新しい掃除機がご入り用ですか。それならば，新しいスーパー・マックスをお試しください。2階の階段付近の従業員が現在この信じられないほど素晴らしい新しい機器の実演販売をしております。またお帰りの際には，出口で新しい特別なお買い得品を紹介した無料雑誌を忘れずに手に取ってください。

Q：どこで客は新しい掃除機を見ることができるか。

選択肢の訳 **1** 1階の出口付近。

2 2階の階段付近。

3 3階のコンピューター売り場の隣。

4 4階のカメラ売り場の隣。

解説 第5文に Staff by the stairs on the second floor are demonstrating this incredible new device now. とあり，新しい掃除機は2階の階段付近で見ることができるのがわかる。

No.26 解答 ②

放送英文 Long ago, some Roman women believed that taking a bath in the milk of donkeys was good for their skin. However, not all women could take care of their skin in this way. Donkey milk was very expensive, so only the richest women could wash in it. Some very rich women kept many donkeys to get milk every day.

Question: How did some Roman women take care of their skin?

全文訳 ずっと昔，ロバのミルクの風呂に入ると肌に良いということを信じていたローマの女性たちがいた。しかし，全ての女性がこの方法で肌の手入れをすることができるわけではなかった。ロバのミルクはとても高価であったので，最も裕福な女性のみがそれで洗うことができた。一部のとても裕福な女性は，毎日ミルクを得るためにたくさんのロバを飼っていた。

Q：どのように一部のローマの女性は肌の手入れをしていたか。

選択肢の訳 **1** 毎日たくさんのロバのミルクを飲むことによって。

2 ロバのミルクで体を洗うことによって。

3 若いロバの肉を食べることによって。

4 ロバの世話をすることに時間を割くことによって。

解説 第 1 文にロバのミルクの風呂に入ることが肌に良いと信じていたローマ の女性たちがいたことが述べられている。ゆえに正解は **2** となる。

No.27 解答 4 •••••••••••••••••••••••••••••••••

放送英文 Olivia is planning a birthday party for her grandfather. She searched online for restaurants with no stairs because her grandfather will be 90 years old and cannot walk well. She found one in her area, and her mother suggested that Olivia go to see it before the party. That way, she could make sure that the restaurant would be nice for her grandfather.

Question: What did Olivia's mother suggest she do?

全文訳 オリビアは祖父の誕生日パーティーを計画している。彼女の祖父は 90 歳になりうまく歩くことができないので，彼女は階段のないレストラン をオンラインで探した。彼女は彼女の住む地域で 1 軒見つけた。そして 彼女の母親はパーティーの前にオリビアがそこの下見に行くことを提案 した。そのようにして，彼女はそのレストランが祖父にとって素敵なと ころであることを確かめることができる。

Q：オリビアの母親は彼女が何をすることを提案したか。

選択肢の訳 **1** 人々にお気に入りのレストランについて尋ねる。
2 オンラインでレストランを探す。
3 彼女の住む地域でレストランを開く。
4 レストランを見に行く。

解説 第 3 文に her mother suggested that Olivia go to see it before the party とあり，オリビアの母親が彼女にレストランの下見に行くことを 提案していたことがわかる。

No.28 解答 2 •••••••••••••••••••••••••••••••••

放送英文 We hope you are enjoying the facilities here at Fitness Life Center, including our new exercise machines. To help you build muscle, we are giving away protein bars for the next hour. Please come to the entrance and help yourself. Each member can take two. We hope you enjoy your day.

Question: Why is this announcement being made?

全文訳 新しい運動器具を含めて，フィットネス・ライフ・センターの施設をお 楽しみいただけていれば幸いです。お客様の筋肉増強を補助するために， これから 1 時間プロテインバーを無料で配布いたします。入口へいらし て，ご自由にお取りください。お 1 人様 2 つまでとさせていただきま す。楽しい 1 日をお過ごしください。

Q：なぜこのアナウンスは流されているのか。

選択肢の訳 **1** 新しいメンバーを出迎えるためにスタッフが雇われるから。

2　メンバーは無料でプロテインバーを得ることができるから。

3　新しい運動器具がまもなくやってくるから。

4　フィットネスセンターは 1 時間後に閉まるから。

解説　第 2 文に To help you build muscle, we are giving away protein bars for the next hour. とあり，これから 1 時間無料でプロテインバーを配布することをこのアナウンスが伝えていることがわかる。

No.29 解答 ②

放送英文　When Mr. Jenson came home last night, his daughter's pet cat was in the kitchen. It looked hungry, so Mr. Jenson asked his daughter if she had fed it. She said that she had spent all afternoon at the shopping mall with her friends and had forgotten about her cat. Mr. Jenson was very upset with his daughter.

Question: Why was Mr. Jenson upset with his daughter?

全文訳　ジェンソンさんが昨夜帰宅したとき，娘のペットの猫はキッチンにいた。お腹が減っているように見えたので，ジェンソンさんは娘に猫にエサをやったかどうか尋ねた。彼女は午後の間ずっと友だちとショッピングモールで過ごし，猫については忘れていたと言った。ジェンソンさんは娘にとても腹を立てた。

Q：なぜジェンソンさんは彼の娘に腹を立てたのか。

選択肢の訳　1　彼女が約束した時間よりも遅く帰宅したから。

2　彼女が彼女のペットにエサをやるのを忘れたから。

3　彼女がキッチンを掃除しなかったから。

4　彼女が宿題をやらなかったから。

解説　第 2 文から第 3 文にかけて，ペットの猫にエサをやったかどうかをジェンソンさんが娘に尋ね，彼女がそれを忘れていたと答えたことが述べられている。ゆえに正解は **2** となる。

No.30 解答 ②

放送英文　Thank you for shopping at Fresh Best Supermarket. We would like to remind drivers to be careful when driving in the parking lot. Last week, a woman and her dog were injured by a car while crossing the parking lot. Please keep your speed below 5 kilometers per hour to make sure our customers stay safe.

Question: Who is this announcement mainly made for?

全文訳　フレッシュ・ベスト・スーパーマーケットでお買い物いただきありがとうございます。お車でお越しのお客様は駐車場で運転する際にお気をつけくださいますようお願いいたします。先週，女性と犬が駐車場を横切る際に車によってけがを負いました。お客様の安全を確保するために，

停止

停止

停

停

停

停

停

停

停

停

停

停

スピードを時速５キロ以下に保つようお願い申し上げます。

Q：このアナウンスは主に誰のために流されているか。

選択肢の訳　**1**　ペットを店に連れてきている人。

2　スーパーマーケットに車で来ている人。

3　たくさんの買い物袋を持っている客。

4　５キロ圏内に住んでいる客。

解説　第２文に We would like to remind drivers to be careful when driving in the parking lot. とあり，車でスーパーマーケットに来ている人にこのアナウンスは注意喚起をしていることがわかる。

全文訳　**医者の不足**

　　今日，十分な医者がいない地域が日本にはある。多くの医者が都市で働くことを望んでいると言われており，そしてこのことが田舎に住む人々にとって問題を引き起こす可能性がある。医者の不足はこれらの人々が質の良い医療を受けることを妨げるであろうから，それは深刻な問題である。多くの人が，政府はこの状況についてもっと行動を起こす必要があると言っている。

質問の訳　No. 1 文章によれば，なぜ医者の不足は深刻な問題なのか。

　　　　　　No. 2 では，絵を見てその状況を説明してください。20秒間，準備する時間があります。話はカードにある文で始めてください。

　　　　　　〈20秒後〉始めてください。

　　では，〜さん（受験生の氏名），カードを裏返して置いてください。

　　　　　　No. 3 今日の若者は高齢者に十分な敬意を払わないと言う人がいます。あなたはそれについてどう思いますか。

　　　　　　No. 4 今日では，家を借りて一緒に住む若者がいます。ほかの人と家を共有することは若者にとって良い考えだとあなたは思いますか。

　　　　　　Yes. →なぜですか。　　　　　　No. →なぜですか。

No.1

解答例　Because it will prevent people living in rural areas from receiving good medical treatment.

解答例の訳　「それは田舎に住む人々が質の良い医療を受けることを妨げるだろうから」

解説　第3文に A shortage of doctors will prevent these people from receiving good medical treatment, so it is a serious issue. とある。these people とはその前文の people living in rural areas を指すので，these people をその説明部分と入れ替える。質問は why「なぜ」なので，Because で始めて答えるとよい。

No.2

解答例　One day, Mr. and Mrs. Kato were talking about going to the beach. Mrs. Kato said to her husband, "It's windy today, but I think we can go." Later at the beach, Mrs. Kato was feeling cold. Mr. Kato suggested that she drink something hot. That night at home, Mrs. Kato had a fever. Mr. Kato was thinking of taking her to the doctor.

解答例の訳　「ある日，カトウ夫妻はビーチに行くことについて話をしていました。

カトウさんは夫に『今日は風が強いけれどビーチに行けると思うわ』と言いました。その後ビーチで，カトウさんは寒さを感じていました。カトウさんの夫は彼女が何か温かいものを飲むことを提案しました。その夜家で，カトウさんは熱を出しました。カトウさんの夫は彼女を医者に連れていくことを考えていました」

解説 1 コマ目は指示された文で説明を始め，その後にカトウさんのせりふを Mrs. Kato said to her husband, の後に続ける。2 コマ目は Later at the beach, で始め，寒がっているカトウさんの様子を描写するとともに，吹き出しの中のカトウさんの夫の提案を説明する。3 コマ目は That night at home, で始め，カトウさんが熱で横になっている様子を描写し，次に吹き出しの中のカトウさんの夫の考えを説明する。

No.3

解答例 I agree. Many young people don't listen to what elderly people say. Some young people even say rude things to them.

解答例の訳 「私もそう思います。多くの若者は高齢者の言うことを聞きません。彼らに無礼なことを言う若者さえいます」

解答例 I disagree. Young people often give elderly people their seats on buses. Also, some young people help elderly people carry their bags.

解答例の訳 「私はそうは思いません。若者はしばしば高齢者にバスで座席を譲ります。また，高齢者がかばんを運ぶのを手伝う若者もいます」

解説 まず，冒頭で賛成（I agree）か反対（I disagree）かを明確にし，その後にそれをサポートする理由や具体例を 2 文程度で述べるとよい。賛成の場合は，解答例に加えて，電車やバスの優先席（priority seat）でさえ高齢者に譲らない若者がいることを指摘してもよい。反対の場合は，祖父や祖母の家に行って積極的に話し相手になる若者がいることを付け加えてもよいだろう。

No.4

解答例 （Yes. と答えた場合）

Sharing a house is a good way to save money. Also, it's a good opportunity for young people to make a lot of new friends.

解答例の訳 「家を共有することはお金を節約する良い方法です。また，それは若者が多くの新しい友人を作る良い機会です」

解答例 （No. と答えた場合）

I think it's difficult for people to protect their privacy. They often find it uncomfortable to live with other people in the same house.

解答例の訳 「人々にとって自分のプライバシーを守ることは難しいと思います。彼

らはしばしば同じ家で他人と一緒に住むことが快適ではないと感じます」

解説 ここでも Yes か No かの立場をまず初めに明確にし，その立場を支持する理由を 2 文程度で説明することが重要である。Yes の場合は解答例に加えて，お金の節約だけでなく比較的大きめの家を借りることも可能であること（They can rent a bigger house.）を指摘してもよい。No の場合は，ほかの人たちと一緒に住むことが快適ではない理由として騒音（noise）の問題などを具体的に挙げてもよいだろう。

二次試験・面接 | **問題カード** **B** **日程** | 問題編 p.76〜77 | 🔊 ▶MP3 ▶アプリ

全文訳 **新製品の販売促進をする**

　今日，高品質の製品の中にはとても高価なものがあるので，多くの人はそれらを買うべきかどうかについて悩んでしまう。今，人々に多様な製品を 1 か月単位で借りることを可能にするシステムが関心を集めている。そのようなシステムを提供している企業があり，そうすることで，それらの企業は人々がそれらを買う前にその製品を試してもらっている。そのようなシステムで，企業はより効果的に自分たちの製品の販売促進をすることができる。

質問の訳 No. 1 文章によれば，どのように企業は製品を買う前に人々にそれらを試してもらっているか。

No. 2 では，絵を見てその状況を説明してください。20 秒間，準備する時間があります。話はカードにある文で始めてください。
〈20 秒後〉始めてください。

では，〜さん（受験生の氏名），カードを裏返して置いてください。

No. 3 電子マネーのために人々は将来現金を持ち歩かなくなるだろうと言う人がいます。あなたはそれについてどう思いますか。

No. 4 発電するために家にソーラーパネルを設置している人がいます。こういった人々の数は将来増加するとあなたは思いますか。
Yes. →なぜですか。　　　　　No. →なぜですか。

No.1

解答例 By offering systems that allow people to rent a variety of products monthly.

解答例の訳 「人々に多様な製品を 1 か月単位で借りることを可能にするシステムを提供することによって」

解説 第 3 文に Some companies offer such systems, and by doing so they let people try items before buying them. とあり，such systems「そのようなシステム」を提供することで人々が製品を買う前に企業はその製品を試してもらっていることがわかる。such systems とは，その直前の文で systems that allow people to rent a variety of products monthly と説明されているので，such systems をその説明部分と入れ替える。質問は how「どのように」なので By offering で始めて答えるとよい。

No.2

解答例 <u>One evening, Mr. and Mrs. Kimura were talking about renting a car and going camping by a lake.</u> Mr. Kimura said to his wife, "The weather forecast says it will be sunny tomorrow." At the campsite, Mr. Kimura was setting up the tent. Mrs. Kimura was thinking of taking the bags out of the car. A few hours later, Mr. Kimura was playing with the dog. Mrs. Kimura was looking forward to going fishing.

解答例の訳 「ある晩，キムラ夫妻は車を借りて，湖のほとりへキャンプに行くことについて話をしていました。キムラさんは妻に『天気予報によれば，明日は晴れだよ』と言いました。キャンプ場でキムラさんはテントを設置していました。キムラさんの妻は車から荷物を降ろすことを考えていました。数時間後，キムラさんは犬と遊んでいました。キムラさんの妻は魚釣りに行くことを楽しみにしていました」

解説 1コマ目は指示された文で説明を始め，その後にキムラさんのせりふを Mr. Kimura said to his wife, の後に続ける。2コマ目は At the campsite, で始め，キムラさんがテントを設置している様子と吹き出しの中のキムラさんの妻の考えを描写する。3コマ目は A few hours later, で始め，キムラさんが犬と遊んでいる様子と吹き出しの中のキムラさんの妻の考えを説明する。

No.3

解答例 I agree. Electronic money is more convenient than cash. Also, people don't have to worry about losing electronic money.

解答例の訳 「私もそう思います。電子マネーは現金よりも便利です。また，電子マネーを紛失することについて人々は心配する必要がありません」

解答例 I disagree. People won't be able to use electronic money at small stores. They'll always need to carry some cash.

解答例の訳 「私はそうは思いません。人々は小さな店で電子マネーを使うことはできないでしょう。いつもいくらかの現金を持ち歩く必要があるでしょう」

解説 解答例に加えて賛成の場合は，具体的に電子マネーは支払いの際にお釣りなどの受け渡しがないので短時間で支払いが終わること（Electronic money makes making payments quicker.）を指摘してもよい。反対

の場合は，高齢者は電子マネーに慣れていないので，買い物がしづらくなるというようなこと（Elderly people are not used to electronic money. It will be difficult for them to buy things.）を述べてもよいだろう。

No.4

解答例 （Yes. と答えた場合）

Using solar power is better for the environment. Many people are becoming interested in clean energy.

解答例の訳 「ソーラーパワーを使うことは環境により良いです。多くの人がクリーンエネルギーに関心を抱きつつあります」

解答例 （No. と答えた場合）

Solar panels don't produce much electricity on cloudy days. Also, they're very expensive for people to buy.

解答例の訳 「ソーラーパネルは曇りの日にはあまり電気を作りません。また，それらは人々が買うには非常に高価です」

解説 Yes の場合は，解答例に加えて災害時に停電してもソーラーパネルがあれば発電ができること（Even when natural disasters cut the power, solar panels can provide electricity.）を指摘してもよいだろう。また No の場合は，専門家による定期的なメンテナンスが必要であること（Solar panels need to be checked regularly by experts.）を付け加えてもよいだろう。

2022-1

解 答 一 覧

一次試験・筆記

1

(1)	1	(8)	4	(15)	2
(2)	4	(9)	1	(16)	3
(3)	4	(10)	4	(17)	2
(4)	3	(11)	1	(18)	2
(5)	4	(12)	1	(19)	3
(6)	4	(13)	1	(20)	1
(7)	3	(14)	2		

2 A

(21)	1
(22)	3
(23)	1

2 B

(24)	3
(25)	2
(26)	4

3 A

(27)	4
(28)	1
(29)	2

3 B

(30)	1
(31)	4
(32)	4
(33)	3

3 C

(34)	2	(36)	4	(38)	4
(35)	2	(37)	4		

4　　解答例は本文参照

一次試験・リスニング

第1部

No. 1	1	No. 6	2	No.11	2
No. 2	3	No. 7	4	No.12	2
No. 3	4	No. 8	2	No.13	2
No. 4	3	No. 9	1	No.14	3
No. 5	3	No.10	4	No.15	4

第2部

No.16	3	No.21	4	No.26	3
No.17	1	No.22	2	No.27	2
No.18	4	No.23	2	No.28	3
No.19	2	No.24	3	No.29	2
No.20	3	No.25	1	No.30	3

(1) ―解答 ① .... 正答率 ★**75%以上**

訳 先週，シェリーはホラー映画を見に行った。それは半分サメで半分人間の奇妙な生き物についてであった。

解説 空所直後の説明に「半分サメで半分人間」とあるので，creature「生き物」を選ぶのが自然である。mineral「鉱物」，package「荷物」，instrument「器具，楽器」

(2) ―解答 ④ ....

訳 高校卒業後，テッドは自分の国に仕えるために軍隊に入った。初めて軍服を着たとき，彼は誇りを感じた。

解説 「国に仕える」や「軍服を着た」という表現から，テッドが military「軍隊」に入ったことが推測できる。affair「出来事」，emergency「緊急事態」，container「入れ物，容器」

(3) ―解答 ④ ....

訳 レイカの夢は東京の有名なフレンチレストランで働くことだ。彼女は料理学校に行くことでこれを達成しようとしている。

解説 第1文でレイカの夢の説明があり，第2文後半で「料理学校に行くことで」という記述がある。このことからレイカが夢を accomplish「達成し」ようとしているとわかる。decrease「〜を減少させる」，unite「〜を結合させる」，overwhelm「〜を圧倒する」

(4) ―解答 ③ ....

訳 アーサーは彼のカフェを売るつもりだった。しかし，近くに新しい大学が開校してから，より多くの客を得始めたので，彼は自分の決心を覆した。

解説 第1文でアーサーがカフェを売るつもりであったことが述べられ，その直後に逆接を示す However があることから，彼が決心を reversed「覆した」と推測される。abuse「〜を虐待する」，secure「〜を確保する」，stimulate「〜を刺激する」

(5) ―解答 ④ ....

訳 フランクはレポートを書くための十分な時間がなかったので，それを終えるためにもう2，3日もらえないかと上司に尋ねた。

解説 フランクはもう2，3日時間をもらえないかと尋ねていることから，彼にはレポートを書く sufficient「十分な」時間がなかったと推測できる。ここでは時間の「量」に焦点があるのでほかの選択肢は入らない。possible「可能な」，delicate「繊細な」，financial「財政の」

(6) ― 解答 ④

訳 昨日，ブリグストン市のあるレストランで火事があった。けが人はいなかったが，建物はひどく破損した。オーナーたちは新しい建物を建てなければならないだろう。

解説 新しい建物を建てなければならないという記述から，その建物が severely「ひどく」破損したことがわかる。mentally「精神的に」，intelligently「知的に」，annually「毎年」

(7) ― 解答 ③

訳 ベスは先週，ウエディングパーティーに招待された。彼女は一人で行きたくなかったので，友だちのジェレミーに彼女と一緒に行ってくれるよう頼んだ。

解説 ベスは一人で行きたくなかったということから，自分と accompany「一緒に行って」くれるよう頼んだと推測される。restrict「～を制限する」，distribute「～を分配する」，promote「～を促進する」

(8) ― 解答 ④

訳 SOL-5 ロケットは明日，地球を出発する予定である。宇宙飛行士たちの使命は気象衛星を修理することである。

解説 気象衛星を修理することは宇宙飛行士の mission「使命」と考えられる。foundation「土台」，impression「印象」，definition「定義」

(9) ― 解答 ①

訳 化学のクラスで，生徒たちは少量の酸を水に加えた。それから彼らはこの混合物を実験を行うために使った。

解説 第 1 文で酸を水に加えたと述べられていることから，mixture「混合物」を選ぶのが自然。climate「気候」，entry「入場」，moment「瞬間」

(10)― 解答 ④

訳 朝，とても強く雨が降っていたので，政府は宇宙にロケットを打ち上げることを待たなければならなかった。

解説 雨が強く降っている状況では，ロケットを launch「打ち上げる」ことは困難と考えられる。ほかの選択肢は文脈に合わない。elect「～を選ぶ」，impact「～に影響を与える」，sweep「～を掃く」

(11)― 解答 ①

訳 歴史の授業の間，リサがノートを持っていないことにエイデンは気づいた。彼は自分のノートから何枚か紙を引きちぎり，彼女がノートを取れるようにそれを彼女に渡した。

解説 ノートを取るための紙を彼女に渡すために，まず自分のノートから紙を tore off「引きちぎった」とすると自然。rely on「～を頼る」，answer back「～に口答えする」，break out「（突然）発生する」

(12)—解答 **1** ....

訳　デレクは，彼の会社のゴルフ大会でもう少しで優勝するところだった。しかしながら，最後のホールで悪いショットを打ってしまい，結局2位に終わった。

解説　第2文で結局2位に終わったという記述があることから，デレクは優勝を came close to「もう少しでするところだった」とわかる。make fun of「～をからかう」，take pride in「～を誇りに思う」，find fault with「～のあら探しをする」。優勝してはいないので，誤って took pride in を選ばないように注意。

(13)—解答 **1** ....

訳　グリフィス先生は生徒たちに，もし彼らがクラスでおしゃべりを続けるならば追加の宿題を課すと警告した。生徒たちが静かにしようとしなかったので，彼は脅しを完全に実行した。

解説　警告を生徒たちが無視したことから，先生がその警告を followed through with「完全に実行した」と推測できる。go over「～を調べる」，get through「～を通り抜ける」，turn over「～をひっくり返す」

(14)—解答 **2** ....

訳　A：今しがた誰とばったり出会ったと思う？　大学時代のジーナを覚えている？
B：ああ，もちろん。私も先日彼女に会ったよ。どうやら彼女は私たちと同じビルで働いているみたいだね。

解説　B が「私も先日彼女に会った」と言っていることから，A が大学時代の友だちと ran into「ばったり出会った」と推測できる。hope for「～を期待する」，look over「～にざっと目を通す」，comply with「～に従う」

(15)—解答 **2** ....

訳　仕事を変えて以来，ニールは仕事と生活のバランスによりいっそう満足している。彼は新しい仕事を楽しんでいるが，家族や友だちとより多くの時間を過ごせることにも喜びを感じている。

解説　第2文に彼が仕事や家族，友だちとの時間を楽しんでいると述べられていることから，彼が仕事と生活のバランスに content with「満足して」いるとわかる。be separate from「～と離れている」，be based on「～に基づいている」，be equal to「～に等しい」

(16)—解答 **3** ....

訳　A：お母さん，土曜日のバーベキューに友だちを数人招いてもいいかな？
B：もちろん。皆が食べて飲んでも十分有り余る量があるはずよ。

解説　皆が食べて飲んでも十分な量がある，と B が言っていることから By all means「もちろん」が自然。in any case「どんな場合でも」，at any rate「いずれにしても」, on the whole「全体として」

(17)—解答 **2** ....

> **訳** アリソンは彼女の幼い弟が彼女の部屋に入ることが嫌いである。彼はいつも彼女のものを散らかすので，彼女はその後に掃除をしなければならない。

> **解説** 空所の後で，彼女はその後に掃除をしなければならないと述べられているので，幼い弟がするのは makes a mess「散らかす」ことと考えるのが自然である。make an effort「努力する」, take a chance「いちかばちかやってみる」, take a rest「休憩する」

(18)—解答 **2** ....

> **訳** プレゼンテーション大会で優勝した後，ケビンはスピーチで彼の妻の助けがなければ彼は決して勝つことはなかっただろうと言った。

> **解説** but for で「〜がなければ，〜がなかったならば」という意味になる。主に仮定法とともに使われ，without で書き換えることもできる。これ以外に意味を成す選択肢はない。

(19)—解答 **3** ....

> **訳** ショーンは明日の朝早くに大切なミーティングがあるので，今夜は夜更かしをしないほうがよい。

> **解説** had better *do*「〜するほうがよい」の否定形 had better not *do*「〜しないほうがよい」を使う。

(20)—解答 **1** ....

> **訳** A：ニッキー，来年おまえは高校を卒業することになるね。そろそろどの大学に行きたいかを考え始めてもよいころだ。
> B：そうね，お父さん。でも，将来何をやりたいか私はまだわからないの。

> **解説** 〈It is time ＋ 主語 ＋ 仮定法過去〉で「そろそろ〜してもよいころだ」という意味を表す。It is high time ...., It is about time .... など time の前に high や about がつくこともある。

一次試験・筆記 **2** | 問題編 p.84〜87

A **全文訳** ティーカップの中の答え

　ほかの多くの国と同様に，インドの人々はプラスチック廃棄物の問題について憂慮している。結局のところ，その国は毎年 56 億キロのプラスチック廃棄物を作り出している。最終的には多くのプラスチックが陸上やガンジス川のような水路のゴミになってしまうので，プラスチック廃棄物を管理するためのシステムは改善の必要がある。それに応じてインド政府は，一度きりしか使えないプラスチック製品の禁止令導入を計画した。

しかし結局，政府は経済状況と失業の増加への懸念のためにその計画の変更を余儀なくされた。

それにもかかわらず，プラスチックが使われなくなった状況が1つある。インドの7,000の鉄道の駅全てが，プラスチックのティーカップをクルハドと呼ばれる茶色の陶器のティーカップに取り換えた。インドでプラスチックカップが使われるよりもずっと以前に，人々はこれらの伝統的なカップでお茶を飲むのを楽しんでいた。インドの鉄道担当大臣が，鉄道の駅にクルハドに入れたお茶だけを販売するように命じた。そうすることで，彼は国がプラスチック廃棄物をなくすことに向けて，重要な一歩を踏み出すことを期待している。

クルハドがプラスチックのティーカップよりも優れている理由がいくつかある。1つ目に，それらは捨てられた後，環境に害を及ぼさない物質にすぐに分解される。2つ目に，クルハドが作られている粘土は，お茶の風味を実際に良くしてくれる。最後に，クルハドを使うことは，仕事を生み出す。プラスチックカップは機械で作られるが，クルハドは手作業で作られる。何十万もの人々がこの変化により追加の仕事を得るだろうとインド政府は見積もっている。

(21)─解答 **1** ・・・・・・・・・・・・・・・・・・・・・・・・・・・・・・・・・・・・・・・

解説 空所前は一度きりしか使えないプラスチック製品の禁止を計画したことが，空所後ではしかしその計画が経済的な理由から変更を余儀なくされたことが述べられている。この2つの時間的な前後関係を結びつけるのに適したものは In the end「結局」である。Moreover「さらに」，For one thing「1つには」，Overall「全般的に言えば」

(22)─解答 **3** ・・・・・・・・・・・・・・・・・・・・・・・・・・・・・・・・・・・・・・・

解説 第2段落第1文からこの段落の主題はプラスチックの使用が禁止された例の紹介だとわかる。第2文では鉄道の駅でプラスチックのティーカップがクルハドという陶器のカップに取り換えられたと述べられている。このことから大臣がプラスチックカップの代わりにクルハドを使用することを命じた，とすると文脈に合う。ゆえに only sell tea in「に入れたお茶だけを販売する」が正解。

(23)─解答 **1** ・・・・・・・・・・・・・・・・・・・・・・・・・・・・・・・・・・・・・・・

解説 空所後でクルハドは手作りされること，そしてそのために何十万もの人々が追加の仕事を得ると予想されていることが述べられている。ここからクルハドを使うことが will create jobs「仕事を生み出す」とわかる。

B **全文訳** ただ美しい鳥というだけでなく

オウムは賢く，時にとても色鮮やかな鳥である。ペットとして人気があり，しばしば動物園で見られる。残念なことに，野生のオウムのおよそ3分の1の種が絶滅の危機にある。例えば，スミレコンゴウインコやコスミレコンゴウインコなどである。毎年，こ

れらの鳥の一部は違法に捕まえられ，ペットとして販売されている。さらに悪いことに，彼らが生息している森が農地を作るためや木材を得るために伐採されているので，多く（の鳥）が死につつある。このことで彼らが巣を作り食料を集めることのできる地域は狭くなってしまった。

　専門誌『ダイバーシティ』に発表された研究が，スミレコンゴウインコとコスミレコンゴウインコが森林の中で重要な役割を担っているということを明らかにした。ブラジルとボリビアでこれらのオウムを研究している研究者たちは，鳥たちが18種類の木の種子をまいていることを発見した。彼らは，鳥たちが木から果実や木の実を取り，長距離にわたってそれらを運んでいることを観察した。鳥たちは後でその果実や木の実を食べられるようにそのような行動をしている。しかし，彼らは時々それらを落としてしまう。人間によって伐採された地域でこのようなことが起きると，果実や木の実の中の種子が木へと成長し，森林が回復するのを助けるのだ。

　今日，自然保護団体はスミレコンゴウインコとコスミレコンゴウインコを保護するために熱心に働いている。1つのやっかいなことは，これらのオウムは多くのひな鳥を失っているということだ。このことの重要な原因は，彼らの卵がほかの鳥によってしばしば食べられてしまうことである。これを防ぐために，コンゴウインコの卵は時々科学者たちによって彼らの巣から取り出され，鶏卵と置き換えられる。科学者たちはその卵を安全に保護する。コンゴウインコのひな鳥が卵から出てくると，彼らは親鳥の元に戻される。

(24)─解答 ③

解説 空所前ではコンゴウインコが違法に捕獲，売買されていることが，そして空所後では生息地が減少して彼らの多くが死につつあることが述べられている。これら2つの事実を結びつけるものとしては，What is worse「さらに悪いことに」が最も自然である。

(25)─解答 ②

解説 空所前では，コンゴウインコが食料として果実や木の実を運ぶことが説明されており，空所後で伐採された土地に空所の内容が起きると，中の種子が木へと成長するということが述べられている。このことから運んでいる途中にコンゴウインコが sometimes drop them「時々それら（果実や木の実）を落としてしまう」と推測できる。

(26)─解答 ④　　　　　　　　　　　　　正答率 ★75%以上

解説 空所後に彼らの卵がしばしばほかの鳥に食べられてしまうという記述があることから，彼らが lose many babies「多くのひな鳥を失っている」ことが問題であると予想される。

A 全文訳

発信人：ノエル・ランダー <noel@coffeeshopsupplies.com>
宛先：ゲーリー・スタイン <thedaydreamcoffeeshop@goodmail.com>
日付：6月5日
件名：あなたの注文
スタイン様

　今朝，弊社の販売部門のジェナ・マークスにお電話によるご注文をいただき誠にありがとうございます。ご注文はお客様のカフェの名前とロゴをプリントした中サイズの黒い紙カップ500個でした。ジェナのご注文に関するメモによりますと，お客様は土曜日までにこれらのカップの配達が必要とのことでした。

　申し訳ございませんが，現在のところ弊社には中サイズの黒いコーヒーカップの在庫がございません。さらに，コーヒーカップを製造する機械が現在稼働しておりません。故障している箇所は先日修理に出されましたが，金曜日まで弊社の工場に戻ってきません。このため，お客様にほかの選択肢をいくつか提案するためにメールを差し上げています。

　もし黒いカップを本当にご所望であれば，弊社には小サイズと大サイズの在庫はございます。しかしながら，色よりはサイズの方がお客様にとって重要かと存じます。弊社には白色の中サイズのコーヒーカップの在庫がございまして，代わりにこれらにお客様のロゴをプリントすることができます。また，茶色の中サイズも在庫がございます。今回の問題に関しましては，大変申し訳ございません。これらの選択肢のどれが最も良いか私たちにお知らせくだされば，無料でさらに50個のカップをお送りいたします。弊社の配達業者によりますと，土曜日までに届けるには水曜日までに注文を出す必要があるとのことです。できるだけ早くお客様のご決断をお知らせください。
よろしくお願いいたします。
ノエル・ランダー
顧客サポート
コーヒーショップサプライズ

(27)—解答 ④

質問の訳 今朝，ジェナ・マークスは

選択肢の訳
1　スタイン氏の注文において間違った名前を書いた。
2　顧客に間違った配達日を伝えた。
3　電話で販売部門に連絡をした。
4　スタイン氏のカフェ用のカップの注文を受けた。

解説 第1段落第1文に Thank you for placing an order by telephone with Jenna Marks とあり，スタイン氏が電話でジェナにカップの注文

をしたことがわかる。つまりジェナが took an order「注文を受けた」ということである。

(28)—解答 ① ••••••••••••••••••••••••••••••••

質問の訳 ノエル・ランダーによれば，注文に関わる問題は何か。

選択肢の訳 1 彼の会社にはスタイン氏が望むカップの在庫がない。
2 彼の会社の機械はスタイン氏のロゴを印刷できない。
3 カップを金曜日までスタイン氏に配達できない。
4 先日，カップを配達業者が紛失してしまった。

解説 第2段落第1文に we do not have any medium-sized black coffee cups とあり，スタイン氏が望む黒い中サイズのカップの在庫がないことがわかる。

(29)—解答 ② ••••••••••••••••••••••••••• 正答率 ★75%以上

質問の訳 ノエル・ランダーはスタイン氏に何を提案しているか。

選択肢の訳 1 次回，50個以上のカップを注文すること。
2 白か茶色のカップを使うこと。
3 彼の顧客に無料のコーヒーを提供すること。
4 ほかの会社から彼のカップを買うこと。

解説 第3段落第3文と第4文で，白と茶色の中サイズのカップならば在庫があることが述べられている。また第6文でどの選択肢が良いか知らせてほしいという記述がある。このことから正解は2に絞られる。

B 全文訳 ツイード

　ツイードはスコットランドとアイルランドの農民によって最初に開発された厚い生地の一種に与えられた名称である。長い羊毛がさまざまな色に染められ，そして組み合わされて模様のある生地を作る。スコットランドとアイルランドの天気はしばしば寒く湿っているため，この暖かい防水性のある素材は，田畑で働く農民にとても人気があった。

　ツイードは19世紀まで農村の外で広く知られることはなかった。その当時，裕福なイギリス人はスコットランドの広大な土地を買っていた。これらは地所として知られ，所有者によって狩猟と釣りのために使われた。ツイードは主に茶色，緑，または灰色で，野生動物がその素材で作られた服を着ている人々を知覚するのは難しいため，狩りをする人たちはツイードに興味を抱くようになった。裕福なイギリス人所有者たちは，自分たちの地所のためにツイードの模様を作らせるようになった。ヴィクトリア女王の夫であるプリンス・アルバートがスコットランドの王室の領地に住む人々のために独自の模様を作らせた後，その生地はイギリス中で有名になった。

　ツイードで作られた服は，裕福な人々が田舎で着用する標準的な服装となった。男性は町や都市でビジネスを行うときには青か黒のスーツを着用し，地所にくつろぎに行くときにはツイードのスーツを着たものであった。一般人はゴルフやサイクリングといった屋外の趣味のためにツイードを着て，彼らをまねするようになった。ツイードを着る

という流行はアメリカやヨーロッパのほかの国々にも広がり，20世紀にさまざまな有名ファッションデザイナーが彼らの服にツイードを使うと，さらにいっそう人気になった。

　ツイードは長年流行の先端であり続けた，もっとも21世紀の初めまでにはその人気は落ちてしまっていたけれど。しかし，今ツイードはもう一度人気になり始めている。この1つの理由は，それが環境にほとんど害を及ぼさないということである。自然な羊毛で作られていることに加えて，それは丈夫で，非常に長期間もつので，人々は新しい服を頻繁に買う必要がない。実際，イギリスでは祖父母のツイードスーツをいまだに着ている裕福な人々もいる。

(30)— 解答 ① .... 正答率 ★75%以上

質問の訳 ツイードがスコットランドとアイルランドの農民に人気があったのは

選択肢の訳
1　彼らが外にいる間，それが彼らを暖かく保ち，濡れないようにすることを助けてくれたからだ。
2　それが彼らの自由時間にお金を稼ぐことを助けてくれたからだ。
3　それによって彼らが作り出したどんな余分な羊毛でも使うことが可能になったからだ。
4　それによって彼らが若者たちに彼らの文化を教えることが可能になったからだ。

解説 第1段落最終文に The weather in Scotland and Ireland is often cold and wet, so this warm, waterproof material was very popular with the farmers とあり，ツイードが防寒防水に優れていたので農民に人気があったことがわかる。

(31)— 解答 ④ .... 正答率 ★75%以上

質問の訳 プリンス・アルバートはどのようにしてツイードが広く知られるようになることを手助けしたのか。

選択肢の訳
1　彼はしばしばスコットランドの農民によって所有されている土地に狩猟に行った。
2　彼はツイード工場があるスコットランドの地所を買った。
3　彼はスコットランドを旅行中にそれを着ているのを見られた。
4　彼はスコットランドにある領地のための特別なツイードの模様を注文した。

解説 第2段落最終文からプリンス・アルバートが特別な模様を王室の領地に住む人々のために作らせたことがきっかけとなって，ツイードがイギリス全土に広まったとわかる。

(32)— 解答 ④ .... 正答率 ★75%以上

質問の訳 一般人がツイードを着たのは彼らが

選択肢の訳
1　町や都市でビジネスを行っているときだった。
2　アメリカやヨーロッパを訪れているときだった。

3 自分たちが農民だと示そうとしているときだった。

4 屋外で余暇活動を楽しんでいるときだった。

解説 第3段落第3文には Ordinary people began to imitate them by wearing tweed for outdoor hobbies とあり，一般人は屋外で余暇活動を楽しんでいるときにツイードを着たことがわかる。outdoor hobbies が選択肢では leisure activities outside と言い換えられていることに注意。

(33)—解答 **3** 　正答率 ★75%以上

質問の訳 ツイードが環境にほとんど害を及ぼさない1つの理由は何か。

選択肢の訳 **1** それが燃やされるときに有害な煙を出さないから。

2 それは簡単には汚れず，ほとんど洗う必要がないから。

3 それは人々が長年着られるほどに丈夫だから。

4 それは家族で経営される小さな工場で手作りされているから。

解説 第4段落第4文に it is strong enough to last for a very long time, so people do not often need to buy new clothes とあり，ツイードが丈夫で，長期間着ることができるので環境に優しいことがわかる。

C 全文訳 遠い過去からの手掛かり

　農業の発達以前に生きていた人類は多くの石で作られた物を残した。これらの物はたいてい道具や武器の一部であり，これらの人々がどのようにして食料を得ていたかを私たちに示してくれる。しかし，彼らの文化のほかの部分についてはあまり知られていない。この期間について私たちが得ているほかの情報源は，洞穴の中の壁画である。これらはほとんどが狩猟の場面なので，初期の人類が集団で生活していたことを示しているけれども，彼らが宗教的な儀式のようなほかの社会的活動に参加していたことは示していない。

　証拠不足によって多くの歴史学者は人類が農園を作って村に住むようになるまで，宗教は発達しなかったと信じるようになった。しかし最近の発見は宗教的な信仰がこれ以前に存在したかもしれないということを示唆している。シギルの偶像は顔と紋様が刻み込まれた背の高い木製の彫像である。これらの紋様は彼らが崇拝していた神についての宗教的な信仰を表している可能性がとても高いと専門家たちは言っている。

　シギルの偶像は実際には 1890 年にロシアで発見された。長い間，それがどのくらい古いのか人々はわからなかったが，ここ数年の木材の分析によってそれがおよそ 1 万 2,500 年前に作られたということが明らかにされた。それは，その地域の人類が農業を始めるずっと以前のことである。それを所有していた人間があちこち移動したため，その彫像は，解体され，別の場所で再び組み立てられるように，いくつかの部分に分けられて作られた。残念なことに，いくつかの部分は 20 世紀初頭に失われ，それらの絵のみが残っている。

　歴史のどこかの時点でシギルの偶像は泥のようなものの中に落ち，それが何千年間も

その彫像を安全に保護してきた。それが発見された状況はきわめてまれである。実際，同時代の木製の彫像はほかに何一つ発見されていない。シギルの偶像の品質から判断すると，初期の人類は木から物を作ることに長けていた。しかし，木製の物のほとんどは残らなかった。これにもかかわらず，シギルの偶像は，人々がかつて考えていたよりも進歩した文化を初期の人類は持っており，おそらく宗教も持っていただろうということを歴史学者に示した。

(34)— 解答 ②

質問の訳 初期の人類によって残された石で作られた物から何が学べるか。

選択肢の訳
1 彼らが洞穴で住んでいたかどうか。
2 彼らがどのようにして食べ物を得ることができたか。
3 彼らの集団がもともとどこから来たか。
4 どのような種類の動物を彼らが狩っていたか。

解説 第1段落第2文の後半に they show us how these people obtained their food とあり，初期の人類がどのように食べ物を得ていたかについての手掛かりを石の遺物が私たちに与えてくれることがわかる。

(35)— 解答 ②

質問の訳 シギルの偶像は木製の彫像であり，

選択肢の訳
1 有名な歴史的指導者の顔がそれに刻み込まれている。
2 初期の人類が神の存在を信じていたことを示しているのかもしれない。
3 初期の人類にとっての農業の重要性の象徴である。
4 最初に人類が作った村の1つの中心におそらくあった。

解説 第2段落第3文と最終文にシギルの偶像に顔と紋様が刻み込まれており，これらが神についての宗教的信仰を表しているかもしれないと述べられている。

(36)— 解答 ④

質問の訳 シギルの偶像について最近発見された1つのことは何か。

選択肢の訳
1 それを所有していた人間はどのようにそれを組み立てるかを示す絵を描いていた。
2 その彫像を構成する部分のいくつかは決して発見されることはなかった。
3 その彫像はいくつかの異なる方法で組み立てることができる。
4 それは自分たちの食料をまだ栽培し始めていなかった人々によって作られた。

解説 第3段落第2文後半に it was made around 12,500 years ago—long before humans in the area began farming という記述があり，人類が農業を始めるずっと以前にシギルの偶像が作られていたことがわかる。before began farming が選択肢では had not yet begun growing their own food と言い換えられていることに注意。

(37)—解答

質問の訳　なぜシギルの偶像の発見はおそらく唯一無二の出来事なのか。

選択肢の訳　1　それが発見された場所の泥の種類が発掘を難しくしているから。
2　初期の人類はほかの集団によって作られた宗教的な彫像をしばしば破壊したから。
3　シギルの偶像のような何かを作る技術をほとんどの初期の人類は持っていなかったから。
4　木材は非常に特別な状況でしか何千年も残らないから。

解説　第4段落第1文と第2文に着目すると，シギルの偶像は泥のようなものの中に落ちて何千年もその中で保護されてきており，それは非常にまれなことであると述べられている。また第3文でほかにこの時代の木製の彫像は一つも発見されていないということも補足されているので，正解は**4**。

(38)—解答

質問の訳　以下の記述のうち正しいのはどれか。

選択肢の訳　1　シギルの偶像は，初期の人類の集団間で文化的な交流があったことを示している。
2　洞穴の壁画は，宗教的な儀式に参加している初期の人類を描いている。
3　人類はいつの時代も宗教を持っていたと長い間歴史学者は信じていた。
4　シギルの偶像の古さはそれが発見された後，長年未解明であった。

解説　第3段落第2文に For a long time, people did not know how old it was とあることから，シギルの偶像の作られた年代が長年解明されていなかったとわかる。

一次試験・筆記　**4**　問題編 p.94

トピックの訳　人々が歴史をより良く理解するためには重要な史跡に行くことが必要だと言う人がいます。あなたはこの意見に同意しますか。

ポイントの訳　経験　動機付け　技術

解答例　I agree that it is necessary for people to go to important historical sites to understand history better. First, people can experience the actual scale of historical sites, such as the pyramids in Egypt. They cannot experience this by seeing these sites online, even with today's advanced technology. Second, visitors will have the opportunity to talk to local people. These people have stories about local history which include important information that is not in books. Such stories can make people want to learn more about history. For these reasons, I think people should visit historical sites.

人々が歴史をより良く理解するためには重要な史跡に行くことが必要だということに同意します。第1に，人々はエジプトのピラミッドのように，史跡の実際の大きさを経験することができます。今日の発達した技術をもってしても，オンラインでこれらの場所を見てもこれを経験することはできません。第2に，訪問者は地域の人々と話す機会を得るでしょう。これらの人々は，本の中にはない重要な情報を含む地域の歴史についての話を持っています。そのような話は，もっと歴史について学びたいと人々に思わせることができます。これらの理由から，私は人々は史跡を訪れるべきだと思います。

まず冒頭で与えられたトピックについて自分が同意するか否かを明確に述べる。この文を主題文という。I agree または I disagree の後にトピックの文をそのままつなげればよい。その後に自分の意見をサポートする理由を2つ挙げる。理由を列挙するときは，First, Second といった標識になるようなつなぎ言葉を使うと論旨が明確になる。このほかにも to begin with「最初に」，in addition「さらに」，moreover「そのうえ」なども使える。そして最後にもう一度自分の意見を繰り返す。この際，For these reasons 以外にも in conclusion「結論として」，therefore「したがって，それゆえに」などもあわせて使えるようになっておくとよい。解答例では同意する例が挙げられているが，同意しない場合には，本やインターネットで歴史を学ぶことができる（We can learn about history by reading books or using the Internet.）や私たちは忙しいのでその場所に行く十分な時間がない（We are so busy that we do not have sufficient time to visit the historical sites.）などを理由として挙げてもよいだろう。

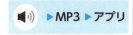

No.**1** −解答 **1** ･･････････････････････････････ 正答率 ★**75%以上**

放送英文 ☆： Livingstone Hotel.

★： This is Ben Bryson in Room 707. I'll be meeting some clients for dinner near City Station, and I'd like to take the train back here afterwards. Do you know what time the last train leaves?

☆： I can check for you. Let's see. The last train from City Station is at 12:15.

★： Excellent. Thanks a lot.

Question: What does the man want to know?

全文訳 ☆： リビングストン・ホテルです。

★： 707 号室のベン・ブライソンです。シティ・ステーションの近くで何人かの顧客と会って夕食を食べた後，列車でここに戻ってきたいんです。最終列車が何時に出るかわかりますか。

☆： お調べいたします。そうですね。シティ・ステーションからの最終列車は 12 時 15 分です。

★： よかった。どうもありがとう。

Q：男性は何を知りたいのか。

選択肢の訳 1 最終列車がいつなのか。

2 シティ・ステーションへの行き方。

3 彼が部屋を変更できるかどうか。

4 彼の顧客がどの部屋にいるか。

解説 男性は彼の最初の発言の中で Do you know what time the last train leaves? と尋ねていることから，彼が最終列車の時間を知りたがっているとわかる。

No.**2** −解答 **3** ･･････････････････････････ 正答率 ★**75%以上**

放送英文 ☆： Bernard, how did you get that scar on your knee?

★： Haven't you noticed it before, Cathy? I've had it for most of my life. I fell off my bicycle when I was a kid.

☆： Really? That must have hurt.

★： Yeah, it did. My knee was bleeding a lot, and my mother had to take me to the hospital.

Question: What was Bernard doing when he got hurt?

全文訳 ☆： バーナード，膝のその傷はどうしてついたの？

★： 今まで気づかなかったのかい，キャシー。僕の人生のほとんどの期間その傷はあったんだよ。子どものころ，自転車から落ちたんだ。

☆： 本当？　痛かったでしょう。

★： ああ，痛かったよ。膝からたくさん血が出ていたし，母が僕を病院に連れていかなければならなかったんだ。

Q：バーナードはけがをしたとき，何をしていたか。

選択肢の訳 **1** 友だちとスポーツをしていた。

2 母親とドライブをしていた。

3 自転車に乗っていた。

4 キャシーと話していた。

解説 膝の傷について尋ねられて，男性は子どものころ自転車から落ちたと答えているので，正解は **3**。

No.3 - 解答 ④ .... 正答率 ★75%以上

放送英文 ★： What's the matter, Doris? You look very tired.

☆： My cat ran away last night, and I went looking for her. I didn't go to bed until after 3 a.m.

★： I'm sorry to hear that. Did you find her and bring her home?

☆： No, but when I woke up this morning, she was waiting outside. I have no idea where she went last night.

Question: Why is the woman tired?

全文訳 ★： どうしたんだい，ドリス。とても疲れているようだね。

☆： 私の猫が昨晩逃げてしまって，彼女を捜しに行ったの。午前3時過ぎまで寝なかったわ。

★： それはお気の毒に。彼女を見つけて家に連れ帰ったのかい？

☆： いいえ，でも今朝起きたら，彼女が外で待っていたの。昨晩彼女がどこに行ったのかわからないわ。

Q：なぜ女性は疲れているのか。

選択肢の訳 **1** 彼女は彼女の猫を病院へ連れていったから。

2 彼女は今朝，職場までの道をずっと走ったから。

3 彼女はキッチンを掃除するために早く起きたから。

4 彼女は昨晩彼女の猫を捜さなければならなかったから。

解説 疲れているようだけど，どうしたんだい，という男性の問いかけに，女性は逃げた猫を捜さなければならず，午前3時過ぎまで寝なかったと答えている。

No.4 - 解答 ③ ....

放送英文 ☆： Is that a new pencil case, David? I thought you liked your old one with the shark on it.

★： I still do. My dad bought that one at the aquarium, but I needed to get a bigger one because I need to take a lot of colored pencils to art class.

☆: Have you drawn any pictures yet?

★: Yeah, lots. I'll show them to you sometime.

Question: Why did the boy get a new pencil case?

全文訳 ☆: それは新しい筆箱なの，デービッド？　あなたはサメの絵が描かれた古いものがお気に入りだったと思ったのだけれど。

★: 今でも好きだよ。お父さんが水族館でそれを買ってくれたんだ。でもたくさんの色鉛筆を美術の授業に持っていく必要があるから，より大きいものを手に入れる必要があったんだ。

☆: もう何か絵を描いたの？

★: ああ，たくさんね。いつか君にそれらを見せるよ。

Ｑ：男の子はなぜ新しい筆箱を手に入れたのか。

選択肢の訳 1　彼は古い方をクラスの友だちにあげたから。

2　彼は水族館で古い方をなくしたから。

3　彼は美術の授業のためにより大きいものが必要だったから。

4　彼は違う絵が描かれたものが欲しかったから。

解説 男の子の最初の発言に I needed to get a bigger one because I need to take a lot of colored pencils to art class とあるので，彼が美術の授業のためにより大きな筆箱を必要としたことがわかる。

No.5 – 解答 ③ ......

放送英文 ☆: George, could I have a tissue?

★: Sure, here you go. Do you have a cold?

☆: I don't think so. The air conditioners in my apartment are very old, and I think they need to be cleaned. The air in my room makes my nose run. I'm going to call the building manager later today.

★: Good idea. Air conditioners need to be cleaned often.

Question: How does the woman plan to solve her problem?

全文訳 ☆: ジョージ，ティッシュをもらえる？

★: もちろん。はい，どうぞ。風邪をひいたの？

☆: そうじゃないと思うわ。私のアパートのエアコンはとても古くて，清掃が必要だと思うの。私の部屋の空気のせいで鼻水が出るのよ。今日この後，ビルの管理人に電話をするつもりよ。

★: いい考えだね。エアコンはしばしば清掃される必要があるよね。

Ｑ：女性はどのようにして彼女の問題を解決するつもりか。

選択肢の訳 1　彼女の部屋を掃除することによって。

2　より多くのティッシュを買うことによって。

3　ビルの管理人と話すことによって。

4　彼女の友だちに助けを求めることによって。

解説 女性は彼女の2番目の発言で部屋のエアコンが古く清掃してもらう必要があるので，ビルの管理人に電話をするつもりだと言っている。call the building manager が選択肢では talking to the building manager と言い換えられているので注意。

No.6 －解答 ②

放送英文 ☆： Good morning. I'm looking for a new desk for my room.

★： Would you like a metal one or a wooden one?

☆： Well, the rest of the furniture in my room is wooden, so I'd like to find a matching desk.

★： I think we may have just the thing you're looking for. There's a sale on all of our desks, chairs, and shelves today.

Question: What is the customer looking for?

全文訳 ☆： おはようございます。私の部屋用の新しい机を探しているのですが。

★： 金属製がよろしいですか，それとも木製がよろしいですか。

☆： そうですね，私の部屋のほかの家具は木製だから，それに合うような机を見つけたいんです。

★： ちょうどお探しのものがあるのではないかと思います。本日は，全ての机，いす，棚がセール中です。

Q：客は何を探しているのか。

選択肢の訳 **1** 彼女の机に合ういす。

2 彼女の部屋用の新しい机。

3 彼女の本のための木製の棚。

4 彼女の部屋用の金属製の家具。

解説 女性の最初の発言に I'm looking for a new desk for my room. とあり，女性が部屋に置く新しい机を探していることがわかる。

No.7 －解答 ④

放送英文 ★： Excuse me. I got this postcard in my mailbox yesterday. It says I have a package to pick up at this post office.

☆： Yes, sir. May I see an ID card, please?

★： Of course. Here's my driver's license.

☆： Thank you. Now, just sign your name on this line.

Question: What is the man doing at the post office?

全文訳 ★： すみません。昨日，私の郵便受けにこのはがきが入っていたんです。この郵便局に私が受け取る荷物があると書いてあります。

☆： 承知いたしました，お客様。身分証明書を見せていただけますか。

★： もちろん。これが私の運転免許証です。

☆： ありがとうございます。それではこの線上にお名前をお書きください。

Q：男性は郵便局で何をしているのか。

選択肢の訳 1 郵便を配達している。

2 彼の郵便受けを確認している。

3 彼の新しい免許証を受け取っている。

4 荷物を受け取っている。

解説 男性は彼の最初の発言で，彼が受け取るべき荷物があるので郵便局に来たと言っているので，正解は **4**。男性の発言の中の mailbox に引っ張られて **2** を選ばないように注意。

No.**8** – 解答 ②

放送英文 ☆： So, how are the wedding preparations going, Gordon? Have you and your fiancée finished planning everything?

★： We've done a lot, but there's still so much left to do.

☆： Well, you still have six weeks left. Have you decided where to go on your honeymoon?

★： Actually, we've both been so busy that we haven't had time to think about it yet.

Question: What is one thing the man says?

全文訳 ☆： それで，結婚式の準備はどうなの，ゴードン？　あなたとあなたの婚約者は全て計画を終えたの？

★： たくさんやったけど，まだやるべきことがとても多く残っているんだ。

☆： そうねえ，まだ 6 週間あるわ。新婚旅行でどこに行くかは決めたの？

★： 実は，僕たち両方ともとても忙しくて，まだそれについて考えている時間がなかったんだ。

Q：男性が言っている 1 つのことは何か。

選択肢の訳 1 結婚式の時間が変わった。

2 結婚式の計画はまだ終わっていない。

3 新婚旅行は楽しくなかった。

4 新婚旅行の計画は 6 週間前に作られた。

解説 結婚式の準備は終わったのかと聞かれて男性は，there's still so much left to do と答えている。つまりまだやるべきことがたくさん残っているということであり，正解は **2**。

No.**9** 解答 ①

放送英文 ☆： Honey, we haven't seen Gloria at our town meetings recently. I guess she must be busy.

★： Actually, I forgot to tell you—I ran into her on the street last week. She said she's started going to a business class in the evening.

☆： Really? I hope I can get a chance to see her again soon.

★： Well, she said she'd definitely be at the next meeting.

Question: What is one thing the man says about Gloria?

全文訳 ☆： あなた，タウンミーティングで最近グロリアを見かけないわね。彼女はきっと忙しいのね。

★： 実は君に言うのを忘れていたよ。先週，道でばったり彼女に会ったんだ。彼女は夕方にビジネスの授業に行き始めたと言っていたよ。

☆： 本当？　すぐにまた彼女と会える機会があるといいのだけど。

★： そうだね，彼女は次のミーティングには間違いなく出席すると言っていたよ。

Q：男性がグロリアについて言っている1つのことは何か。

選択肢の訳　**1**　彼女は授業を取っている。
2　彼女は自分自身のビジネスを始めた。
3　彼女はその女性に電話をするだろう。
4　彼女は違う通りに引っ越した。

解説　男性の最初の発言に she's started going to a business class in the evening とあり，グロリアがビジネスの授業を取り始めたことがわかる。start, business といった語に引っ張られて **2** を選ばないように注意。

No.10 解答 ④

放送英文 ★： Working overtime again tonight, Debbie?

☆： I think so, Bob. I'm still working on this presentation for Mr. Donaldson.

★： You've been working on it all week. Let me know if you need help with anything.

☆： OK, thanks. I will be done with it soon, though. After that, my work schedule should go back to normal.

Question: What is one thing the woman says?

全文訳 ★： また今夜も残業かい，デビー？

☆： そうだと思うわ，ボブ。ドナルドソンさんのためのこのプレゼンテーションにまだ取り組んでいるの。

★： 今週ずっとそれに取り組んでいるね。何か助けが必要なら知らせてくれよ。

☆： わかった，ありがとう。でもまもなくそれを終えるわ。その後，私の仕事のスケジュールは正常に戻るはず。

Q：女性が言っている1つのことは何か。

選択肢の訳　**1**　彼女は来月まで残業するだろう。
2　彼女はドナルドソンさんと話をしないだろう。
3　彼女はこれまでにプレゼンテーションをしたことが全くなかった。
4　彼女はプレゼンテーションをほとんど書き終えた。

解説　女性の2番目の発言に I will be done with it soon とあり，プレゼンテーションの準備がまもなく終わるであろうことがわかる。be done で

have done と同じく動作の完了を表すことがある。この部分が選択肢では has almost finished と言い換えられている。

No.11 解答 ②

放送英文 ☆： Hello.

★： Hi, this is Stefan calling. Is Lorie there?

☆： She's just gone to the store to get something for dinner. She shouldn't be too long. I'll have her call you when she gets home.

★： That's OK. I'm going out with my parents, so I'll call her when I get back.

Question: What will Stefan do when he gets back?

全文訳 ☆： もしもし。

★： もしもし，ステファンです。ローリーはいますか。

☆： 彼女は夕食のための買い物にちょうど店に行ったところなの。それほど長くはかからないはず。彼女が帰ったら，あなたに電話させるわね。

★： 大丈夫です。私は両親と出かけますから，私が戻ったら，彼女に電話をします。

Q：ステファンは帰宅したら何をするか。

選択肢の訳　**1**　ローリーが電話するのを待つ。

2　再びローリーに電話をする。

3　家で夕食を食べる。

4　彼の両親と出かける。

解説　男性の2番目の発言に I'll call her when I get back とあり，彼は帰宅したら再びローリーに電話をするつもりであることがわかる。

No.12 解答 ②

放送英文 ☆： Excuse me. Where can I find the special exhibition of modern art?

★： It's on the third floor, next to the museum shop. But you'd better hurry. The museum is closing in half an hour.

☆： All right. Do I have to pay extra to go in?

★： Yes. Special exhibition tickets are five dollars. It's our most popular event this year.

Question: Why does the man say the woman should hurry?

全文訳 ☆： すみません。現代美術の特別展はどこですか。

★： 3階のミュージアムショップの隣です。でも急いだ方がいいですよ。当館は30分後に閉館します。

☆： わかりました。入場するためには追加料金を払わなければなりませんか。

★： はい。特別展のチケットは5ドルです。それは今年当館で最も人気のある催し物です。

Q：なぜ男性は女性が急ぐべきだと言っているのか。

選択肢の訳
1　その展示の最終日だから。
2　閉館時間が迫っているから。
3　展示のチケットがすぐに売り切れるだろうから。
4　ミュージアムショップが特別セールを行っているから。

解説　男性の最初の発言に But you'd better hurry. The museum is closing in half an hour. とあり，閉館時間がもうすぐだとわかる。

No.13 解答 ②　　　　　　　　　　　　　　　　　　　　正答率 ★75%以上

放送英文　★：Hey, Anne. I've got two tickets to the Fire Queens concert in Highdale Park this Friday night. Do you want to go? It starts at 6 p.m.

☆：Well, I love the Fire Queens, but I promised to look after my sister's baby that night. My sister has to work late.

★：I see. That's too bad.

☆：I wish I could go. Maybe next time, I guess.

Question: Why will the woman not go to the concert?

全文訳　★：やあ，アン。今週の金曜日の夜にハイデール公園で行われるファイヤー・クイーンズのコンサートチケットが2枚あるんだ。行かないかい？　午後6時に始まるんだ。

☆：そうねえ，ファイヤー・クイーンズは大好きなんだけど，その日の夜は，姉［妹］の赤ちゃんの世話をするって約束しちゃったの。姉［妹］は遅くまで働かなければならないのよ。

★：わかったよ。それは残念だね。

☆：行ければいいんだけど。また今度ね。

Q：女性はなぜコンサートに行かないのか。

選択肢の訳
1　彼女はその夜，夕食を作らなければならないから。
2　彼女は赤ちゃんの世話をしなければならないから。
3　彼女は姉［妹］と外出するつもりだから。
4　彼女は残業をするだろうから。

解説　コンサートに誘っている男性に対して，女性は彼女の最初の発言でその日の夜，姉［妹］の赤ちゃんの世話をすることになっている，と言っている。放送文の中の look after「世話をする」が選択肢では take care of に言い換えられていることに注意。

No.14 解答 ③

放送英文　☆：Donnie, I'm happy you did well on your science test this time, but you failed your math test again.

★：I know, Mom. I find it hard to concentrate in Ms. Wilson's class.

☆：Well, if you don't get a better score next time, maybe you should start seeing a tutor after school.

★： No, please don't make me do that. I'll do my best to study harder.
Question: What does the boy say he will do?

全文訳 ☆： ドニー，今回科学のテストでよくできたことはうれしいけれど，また数学のテストで失敗したわね。

★： わかっているよ，お母さん。ウィルソン先生の授業に集中することは難しいんだ。

☆： でも，もしもっと良い成績を次回取らなかったら，放課後，家庭教師に見てもらい始めるべきかもしれないわね。

★： やめて，僕にそんなことをさせないで。もっと熱心に勉強するように最善を尽くすよ。

Q：男の子は何をすると言っているか。

選択肢の訳 **1** 科学の授業でもっと注意を払う。

2 放課後ウィルソン先生に会う。

3 数学の授業でもっと熱心に取り組む。

4 新しい数学の家庭教師を見つけようとする。

解説 男の子の最後の発言に I'll do my best to study harder. とあり，男の子が数学の授業でベストを尽くすと言っていることがわかる。選択肢ではこの部分が Work harder in his math class. と言い換えられている。

No.15 解答 ④

放送英文 ☆： Excuse me, sir. Do you live in this neighborhood?

★： I do. Do you need some help finding something?

☆： Yes, if you don't mind. I'm looking for a good place for lunch. Do you have any recommendations?

★： Hmm. Well, there's a nice German restaurant up on the hill. It's called Heidi's.
Question: What does the woman want to do?

全文訳 ☆： すみません。このご近所にお住まいですか。

★： ええ。何かお探しですか。

☆： はい，もしよろしければ。ランチを食べるのに良い場所を探しているんです。何かお薦めはありますか。

★： うーん。ええと，丘の上に素敵なドイツレストランがありますよ。ハイディズと呼ばれています。

Q：女性は何をしたいのか。

選択肢の訳 **1** ドイツに引っ越す。

2 その男性とランチを食べる。

3 その男性がどこに行くか突き止める。

4 良いレストランでランチを食べる。

解説 何かお探しですか，という男性の問いかけに女性は I'm looking for a good place for lunch. と答えている。つまり女性は良いレストランでランチを食べたいと思っているということ。place が選択肢では restaurant に言い換えられている。

一次試験・リスニング	第**2**部	問題編 p.97〜99	🔊 ▶MP3 ▶アプリ

No.16 解答

放送英文 Sandra hurt her left foot playing soccer. She could not play for a long time, so she joined a fitness center to stay active. The instructor there was very friendly and showed her how to use the training machines. However, after a few months, Sandra stopped going because the fitness center became very crowded. She is looking forward to playing soccer again soon.

Question: Why did Sandra stop going to the fitness center?

全文訳 サンドラはサッカーをしているときに左足を痛めた。彼女は長期間サッカーをすることができなかったので，活動的なままでいるためにフィットネスセンターに加入した。そこのインストラクターはとても気さくで，トレーニングマシーンの使い方を彼女に教えてくれた。しかし，数か月後，そのフィットネスセンターがとても混雑してきたので，サンドラは行くのをやめた。彼女はまもなく再びサッカーをすることを楽しみにしている。

Q：なぜサンドラはフィットネスセンターに行くのをやめたのか。

選択肢の訳 1 彼女はもはや体を動かしたいと感じなかったから。
2 彼女の足が良くならなかったから。
3 そこにはあまりに多くの人々がいたから。
4 そこのインストラクターはあまりに厳し過ぎたから。

解説 第4文に Sandra stopped going because the fitness center became very crowded とあることから，フィットネスセンターが混んできたのでサンドラはそこに行くのをやめたとわかる。

No.17 解答 ①

放送英文 Robert's work schedule will change at the beginning of next month. He will still work from home twice a week, but his boss said that weekly reports will be due on Fridays—not on Wednesdays as before. In addition, the staff meeting will be on Mondays instead of Tuesdays. What Robert is most happy about is that he will have more time to make and check his weekly report during the week.

Question: What is one way in which Robert's schedule will change?

全文訳 ロバートの仕事のスケジュールは来月の初めに変わることになっている。彼は依然として週に2度自宅で働くが，彼の上司は週間報告の締め切りがかつてのように水曜日ではなく，金曜日になると言った。さらに，スタッフミーティングは火曜日の代わりに月曜日になる。ロバートが最もうれしく思っていることは，その週のうちに彼の週間報告を作成し，確認するのにもっと時間をかけられるということである。

Q：ロバートのスケジュールの変更点の1つは何か。

選択肢の訳 1 彼は金曜日に報告書を提出するだろう。
2 彼は自宅で仕事をするのをやめるだろう。
3 報告書を作成する時間が少なくなるだろう。
4 スタッフミーティングが水曜日に移動するだろう。

解説 第2文に週間報告の締め切りが金曜日になると述べられていることから，ロバートが金曜日にそれを提出するようになると予想される。

No.18 解答

放送英文 Most puddings around the world are sweet. However, in England, there is a pudding made from things that are not sweet, such as animal blood and fat. It is called black pudding, or blood pudding, and it looks like a black sausage. It was first made long ago because people did not want to waste any parts of the animals that they cooked. Today, some types of black pudding are very expensive.

Question: Why did people start making black pudding long ago?

全文訳 世界中のほとんどのプディングは甘い。しかしイギリスには動物の血や脂肪のような甘くないものから作られるプディングがある。それはブラックプディングまたはブラッドプディングと呼ばれ，ブラックソーセージのように見える。人々は料理に使った動物のいかなる部位も無駄にしたくなかったので，それはずっと昔に初めて作られた。今日，ブラックプディングの何種類かはとても高価である。

Q：なぜ人々はずっと昔にブラックプディングを作り始めたのか。

選択肢の訳 1 彼らはそれを動物に食べさせたかったから。
2 彼らは何か甘い食べ物を必要としたから。
3 彼らは十分なソーセージを見つけることができなかったから。
4 彼らは動物の部位を無駄にしたくなかったから。

解説 第4文に people did not want to waste any parts of the animals

that they cooked とあるので，動物のいかなる部位も無駄にしたくな
かったのでブラックプディングが作られたことがわかる。

No.19 解答 ②

放送英文　Trevor went camping with two friends. The campsite was very
crowded, so they had to put up their tents a long way from the
bathroom. During the night, Trevor had to get up to go to the
bathroom. It took him a long time to find it in the dark, and then
he could not find his tent again. He had to call one of his friends
on his smartphone to ask for help.

Question: What happened to Trevor while he was camping?

全文訳　トレバーは２人の友だちとキャンプに行った。キャンプ場はとても混ん
でいたので，お手洗いから遠く離れた場所に彼らはテントを張らなけれ
ばならなかった。夜に，トレバーはお手洗いに行くために起きなければ
ならなかった。暗闇でお手洗いを見つけるのに長い時間がかかり，それ
から彼は自分のテントを再び見つけることができなかった。助けを求め
るために彼はスマートフォンで彼の友だちの１人に電話をしなければな
らなかった。

Q：キャンプをしている間，トレバーに何が起きたか。

選択肢の訳　**1**　彼はスマートフォンを壊した。
　2　彼は夜に迷子になった。
　3　彼はテントを張る場所がなかった。
　4　彼は彼の友だちを助けることができなかった。

解説　第３文から第４文にかけて，トレバーが夜にお手洗いに行ったとき，暗
闇でそれを見つけることに苦労し，帰り道がわからなくなってしまった
と述べられている。つまり He got lost at night.「彼は夜に迷子になっ
た」ということ。

No.20 解答 ③

放送英文　In Panama and other warm countries, people often wear hats to
keep cool. In fact, a famous light-colored hat called the Panama
hat was named after this country. However, Panama hats do not
originally come from Panama. They were first made in Ecuador,
in the town of Montecristi. The finest hats from Montecristi cost
a lot of money because it takes skilled craftspeople several
months to make each one.

Question: Why are fine Panama hats from Montecristi
expensive?

全文訳　パナマやほかの暖かい国々では，人々はしばしば涼しくいるために帽子
をかぶる。実際，パナマ帽と呼ばれる有名な淡い色の帽子はこの国にち

なんで名づけられた。しかし，パナマ帽はもともとパナマから来たものではない。それらは最初エクアドルのモンテクリスティという町で作られた。モンテクリスティで作られた最も品質の良い帽子は，腕の良い職人が１つ１つを作るのに数か月を要するので，とても高価である。

Q：モンテクリスティで作られた品質の良いパナマ帽はなぜ高価なのか。

選択肢の訳 1　パナマの人々はそれらにちなんで自分たちの国を名づけたから。
2　それらは冬の間，人々の頭を暖かくしておくことができるから。
3　１つ１つを作るのに長い時間と特別な技術が必要だから。
4　選ぶことができる多くの色があるから。

解説 最終文に腕の良い職人が１つ１つを作るのに数か月を要するという説明があるので，正解は **3**。

No.21 解答 4

放送英文 Natalie goes to college and works part time at a bakery. Her final exams are starting soon, so she needs more time to study. She does not want to quit her job, so she talked to her manager about it. He recommended that she continue to work on weekends but stop working during the week. Natalie thought it was a good idea and took his advice.

Question: How did Natalie solve her problem?

全文訳 ナタリーは大学に通い，パン屋でアルバイトをしている。彼女の期末試験がまもなく始まるので，彼女は勉強の時間をもっと必要としている。彼女は仕事を辞めたくないので，そのことについて店長と話をした。彼は，彼女が週末に働くことを継続し，平日は働かないことを勧めた。ナタリーはそれが良い考えだと思い，彼の助言を受け入れた。

Q：ナタリーはどのようにして彼女の問題を解決したか。

選択肢の訳 1　ほかの仕事を探すことによって。
2　週末により短い時間働くことによって。
3　パンをより少なく買うことによって。
4　店長と話すことによって。

解説 第３文から最終文にかけて，ナタリーが店長に相談し，彼の助言を受け入れたことが述べられているので正解は **4**。放送文中のどこか一部分が答えとなるのではなく，数文にわたって述べられていることが答えとなる場合は，全体を聞き取ることが重要である。単に放送文中の weekends に引っ張られて **2** を選ばないように注意が必要である。

No.22 解答 2

放送英文 Mr. Ogawa has a two-year-old daughter called Shiho. His wife had stayed home to take care of Shiho, but last month, she started working again. She wanted to buy a car to take Shiho to

105

day care. However, Mr. Ogawa suggested buying an electric bicycle instead because it would be easier to take care of and would take up less space than a car.

Question: What is one reason Mr. Ogawa recommended buying an electric bicycle?

全文訳　オガワさんにはシホという名の 2 歳の娘がいる。彼の妻はシホの世話をするために家に留まっていたが，先月彼女は再び働き始めた。彼女はシホを保育所に連れていくために車を買いたかった。しかしオガワさんは，維持するのが車より簡単で，車よりスペースを取らないので，代わりに電動自転車を買うことを提案した。

Q：オガワさんが電動自転車を買うことを勧めた 1 つの理由は何か。

選択肢の訳　1　それは車より売るのが簡単だろうから。
2　それは車よりもスペースを必要としないだろうから。
3　彼の妻が彼女の車の中に保管できるものを望んだから。
4　彼の娘が車よりもそれが好きだったから。

解説　最終文後半に it would be easier to take care of and would take up less space than a car とあり，電動自転車が車よりスペースを取らないことが 1 つの理由だとわかる。

No.23 解答 ②

放送英文　Welcome to Silverton Books. There are some new computers in our Internet café on the third floor. Please feel free to come and try them out. Remember that every Silverton member who introduces a new member gets a $5 discount ticket. Also, we would like to remind you that the store now opens early on Saturdays, at 7:30 a.m., and closes at 5 p.m.

Question: How can Silverton Books members get a discount?

全文訳　シルバートン・ブックスへようこそ。3 階のインターネットカフェには最新のコンピューターがございます。どうぞご自由にお越しいただき，お試しください。新しい会員を紹介してくださったシルバートンの会員はどなたでも 5 ドルの割引チケットを獲得できることをお忘れになりませんよう。また，当店は現在，土曜日は午前 7 時 30 分と朝早くに開店し，午後 5 時に閉店しておりますことをお知らせいたします。

Q：シルバートン・ブックスの会員はどのようにして割引を得ることができるか。

選択肢の訳　1　店に早く来ることによって。
2　新しい会員を紹介することによって。
3　新しいコンピューターを使うことによって。
4　コーヒーを買うことによって。

解説 第4文に every Silverton member who introduces a new member gets a \$5 discount ticket とあり，新しい会員を紹介することで割引を得られるとわかる。

No.24 解答 3 ••

放送英文 Patricia is a busy lawyer with little free time. She feels stressed at work, and she is looking for a way to relax. She read an article about a woman who does yoga before work. Patricia thought she would have time to exercise for about 15 minutes every morning, so she ordered a yoga mat online to get started.

Question: Why does Patricia want to do yoga?

全文訳 パトリシアはほとんど自由時間のない忙しい弁護士である。彼女は仕事でストレスを感じており，リラックスする方法を探している。彼女は仕事の前にヨガをする女性についての記事を読んだ。パトリシアは毎朝およそ15分間運動する時間があると思ったので，手始めにオンラインでヨガマットを注文した。

Q：なぜパトリシアはヨガをしたいのか。

選択肢の訳 **1** 彼女は弁護士から助言を得たから。
2 彼女は友だちからヨガマットをもらったから。
3 彼女はずっとストレスに苦しんでいるから。
4 彼女はそれについての記事を書く計画だから。

解説 第2文から最終文にかけてパトリシアがストレスを抱えリラックスの方法を探しているときにヨガについての記事を読み，それに興味を持ったことが述べられている。ゆえに正解は **3** となる。

No.25 解答 1 ••

放送英文 In 1943, after the United States entered World War II, there were fights in Los Angeles, California, between soldiers and other young men. The fights started because the young men wore zoot suits. Zoot suits were like business suits, but they were loose and were made from a lot of cloth. The military needed cloth for uniforms, so the soldiers thought that zoot suits were a waste of material.

Question: Why were there fights in Los Angeles?

全文訳 アメリカが第2次世界大戦に参戦した後，1943年に，カリフォルニアのロサンゼルスで兵士たちとほかの若者たちとの間で争いがあった。その争いが始まったのは，若者たちがズートスーツを着ていたためだ。ズートスーツはビジネススーツのようであったが，それらはダブダブで多くの布地からできていた。軍隊は制服のために布地を必要としていたので，兵士たちはズートスーツは材料の浪費だと考えた。

Q：なぜロサンゼルスで争いがあったのか。

選択肢の訳
1　ズートスーツはあまりに多くの材料を使っていると兵士たちが考えたから。
2　軍隊は飛行機で飛行する際にズートスーツを使用したから。
3　若者たちはスーツの店で働きたくなかったから。
4　ビジネスマンはもはやスーツを着ることができなかったから。

解説　第2文から最終文にかけて，布地を多く使うダブダブのズートスーツは，軍隊の制服を作るための布地を必要としていた兵士たちからは布地の浪費だと考えられたため，ズートスーツを着ている若者たちと兵士たちの間に争いがあったことが述べられている。

No.26 解答

放送英文
Maki is a first-year high school student from Japan and she has decided to study abroad. She saw some online videos of students having a lot of fun in high schools in the United States. Her teacher said it would be better for her to graduate before she goes abroad, but Maki wanted to have the same experience as the ones she saw on the Internet.

Question: Why did Maki decide to study abroad?

全文訳
マキは日本の高校1年生で，彼女は留学することを決心した。彼女はアメリカの高校で学生たちがとても楽しんでいるビデオをいくつかオンラインで見た。彼女の先生は，外国へ行く前に卒業した方がよいだろうと言ったが，マキはインターネットで見たものと同じ経験をしたかった。

Q：マキはなぜ留学する決心をしたのか。

選択肢の訳
1　彼女の学校で宣伝があったから。
2　先生が彼女にあるコースについて話したから。
3　彼女は海外で高校生活を経験したかったから。
4　彼女のクラスメートがそれは楽しいだろうと言ったから。

解説　第2文にマキがアメリカの高校生活をインターネットで見たことが，最終文後半にマキがそれと同じ経験をしたいと思っていることがそれぞれ述べられている。ゆえに正解は**3**に絞られる。

No.27 解答

放送英文
In Guam, there is a traditional drink called *tuba*. To get *tuba*, a farmer climbs a coconut tree and then cuts open a part of the tree. After a while, *tuba* comes out. *Tuba* is sometimes called the "water of life" because it is an important part of the culture of Guam. It can also be used to make alcoholic drinks. In fact, *tuba* is a popular drink at parties and festivals in Guam.

Question: How do farmers in Guam get *tuba*?

全文訳　グアムにはトゥバと呼ばれる伝統的な飲み物がある。トゥバを得るために，農民はココナッツの木に登り，そしてその木の一部分を切り開く。しばらくすると，トゥバが流れ出てくる。トゥバはグアムの文化の重要な一部なので，時に「生命の水」と呼ばれる。それはアルコール飲料を作るためにも使われ得る。実際，トゥバはグアムではパーティーや祭りで人気のある飲み物である。

Ｑ：どのようにしてグアムの農民たちはトゥバを得るのか。

選択肢の訳　**1**　彼らはそれとアルコール飲料を交換する。
2　彼らは木の一部分を切り開く。
3　彼らは都市の店でそれを買う。
4　彼らはココナッツの葉を水と混ぜる。

解説　第2文に To get *tuba*, a farmer climbs a coconut tree and then cuts open a part of the tree. とあり，トゥバを得るために木の一部を切り開くことがわかる。

No.28 解答　③

放送英文　Welcome to tonight's performance of *Swan Lake*. The ballet will be in four parts, and the main role will be played by Wakako Takizawa. There will be a 20-minute break after the second part. Flowers can be given to the dancers in the lobby after the performance. Please do not take any food or drinks with you to your seats. We hope you enjoy the performance.

Question: What can people do after the performance?

全文訳　今夜の『白鳥の湖』の公演にようこそおいでくださいました。バレエは4つのパートから成り立っており，主役を務めますのはワカコ・タキザワでございます。2つ目のパートの後に20分間の休憩がございます。公演後，ロビーにおいてダンサーたちにお花を渡すことができます。お席には食べ物や飲み物をお持ちにならないでください。どうか公演をお楽しみください。

Ｑ：公演後，人々は何をすることができるか。

選択肢の訳　**1**　ロビーでのパーティーに参加する。
2　無料の食べ物と飲み物を楽しむ。
3　花をダンサーに贈る。
4　バレエに関する20分間の話を聞く。

解説　第4文に Flowers can be given to the dancers in the lobby after the performance. とあり，公演後ダンサーたちに花を渡すことができるとわかる。放送文では受動態だが，選択肢では能動態になっていることに注意。

No.29 解答 ②

Nicole wants to make it easier to cook in her small kitchen. There is a large cabinet next to the fridge. Nicole plans to take it out so that she can have more space to move around in when she cooks. She has asked her brother to help her remove it because he is big and strong enough to carry it.

Question: How does Nicole plan to change her kitchen?

全文訳 ニコルは彼女の小さなキッチンで料理をすることをもっと簡単にしたいと思っている。冷蔵庫の横に大きな戸棚がある。料理をする際に動き回るスペースをもっと確保できるようにニコルはその戸棚を運び出す計画を立てている。彼女は兄［弟］にそれを移動させるのを手助けしてほしいと頼んだ。なぜなら彼はそれを運ぶのに十分なほど体が大きく，力が強いからだ。

Q：ニコルは彼女のキッチンをどのように変えようと計画しているか。

選択肢の訳 1　彼女は壁を塗るつもりだ。
2　彼女は戸棚を移動させるつもりだ。
3　彼女は冷蔵庫を動かすつもりだ。
4　彼女はより大きなオーブンを手に入れるつもりだ。

解説 第3文に Nicole plans to take it out so that she can have more space to move around とあり，it は前文の a large cabinet を指すので，ニコルが戸棚を運び出そうとしていることがわかる。take out が最終文や選択肢では remove と言い換えられている。

No.30 解答 ③

Your attention, please. One of our staff members has found a bag near Entrance B2. It can be collected at the main office on the first floor. If you have lost a bag, please come to the main office. We would like to remind passengers to keep an eye on their baggage at all times. Please do not leave baggage behind on the platform.

Question: Why is this announcement being made?

全文訳 お客様にお知らせいたします。私たちのスタッフの1人が入場口 B2 の近くでバッグを見つけました。1階のメインオフィスで受け取ることができます。もしバッグを紛失された方がいらっしゃいましたら，メインオフィスまでお越しください。乗客の皆様には，お荷物から常に目を離されませんよう改めてお知らせいたします。プラットホームにはお荷物を置き忘れないでください。

Q：なぜこのアナウンスは流されているのか。

選択肢の訳 1　駅に新しいプラットホームができたから。

2 入場口 B2 は修繕のために閉鎖されているから。

3 バッグがスタッフによって見つけられたから。

4 1 階が清掃中だから。

解説 第 2 文と第 3 文に One of our staff members has found a bag near Entrance B2. It can be collected at the main office on the first floor. とあるので，このアナウンスがスタッフによって見つけられたバッグがメインオフィスに保管されていることを知らせるものだとわかる。

全文訳 **食品についての学び**

　最近，多くの人々が食品の安全性により注意を払っている。このため，日本中の食品会社は自社の製品についてより多くのことを顧客に知ってもらおうとしている。これらの会社の多くは，食品がどのように作られているかについての情報を提供するためにウェブサイトを使っている。顧客はそのような情報を確認し，そしてそうすることで彼らは自分たちが購入する食品についてより多くのことを学ぶ。

質問の訳 No. 1 文章によれば，顧客は自分たちが購入する食品についてどのようにしてより多くのことを学ぶのか。

No. 2 では，絵を見てその状況を説明してください。20秒間，準備する時間があります。話はカードにある文で始めてください。
〈20秒後〉始めてください。

では，〜さん（受験生の氏名），カードを裏返して置いてください。

No. 3 人々はあまりに簡単にインターネット上の情報を信じてしまうと言う人がいます。あなたはそれについてどう思いますか。

No. 4 今日，外国には日本食レストランがいくらかあります。これらのレストランの数は将来増えるとあなたは思いますか。
Yes. →なぜですか。　　　　　No. →なぜですか。

No.1

解答例 By checking information about how food is produced.

解答例の訳 「食品がどのように作られているかについての情報を確認することによって」

解説 最終文に Customers check such information, and by doing so they learn more about the food products they purchase. とあり，such information「そのような情報」を確認することで顧客は自分たちが購入する食品についてより多くのことを学んでいるとわかる。such information とはその直前の文で information about how food is produced と説明されているので，such information をその説明部分と入れ替える。質問は how「どのように」なので，By checking で始めて答えるとよい。

No.2

解答例 One day, Miki was talking to her father in the kitchen. She said to him, "I want to get a cookbook about pies." Later at a library, Miki was taking a book from the shelf. Her father was thinking of borrowing the book. The next day, Miki was cutting a pie.

Her father was thinking of setting the table.

解答例の訳 「ある日，ミキはキッチンで彼女の父親と話をしていました。彼女は彼に『パイについての料理の本を手に入れたい』と言いました。その後図書館で，ミキは本棚から1冊の本を取り出していました。彼女の父親はその本を借りることを考えていました。次の日，ミキはパイを切っていました。彼女の父親はテーブルを整えることを考えていました」

解説 1コマ目は，指示された文で説明を始め，その後にミキのせりふを She said to him, の後に続ける。2コマ目は，まずミキの行動を過去進行形で描写し，次に吹き出しの中に描かれているミキの父親の考えを説明する。3コマ目は，まずミキがパイを切っていることを説明し，次に吹き出しの中に描かれている父親の考えを描写する。

No.3

解答例 I agree. Many people think that all online information is true. They sometimes share false information with their friends.

解答例の訳 「私もそう思います。多くの人がオンライン上の全ての情報が正しいと考えています。彼らは時々誤った情報を友だちと共有します」

解答例 I disagree. Most people look carefully for websites they can trust. They know that some information on the Internet isn't true.

解答例の訳 「私はそうは思いません。ほとんどの人は信じることができるウェブサイトを注意深く探します。彼らはインターネット上の情報には正しくないものがあるということを知っています」

解説 まず冒頭で賛成（I agree）か反対（I disagree）かを明確にし，その後にそれをサポートする理由や具体例を2文程度で述べるとよい。解答例のように実際に見聞きした具体例を添えると説得力が増す。

No.4

解答例 （Yes. と答えた場合）

I think more people want to try Japanese dishes. They think that Japanese food is good for their health.

解答例の訳 「もっと多くの人が日本食を試してみたいと考えていると思います。日本食は健康に良いと彼らは考えています」

解答例 （No. と答えた場合）

There are already many Japanese restaurants abroad. Also, many people think that Japanese food is too expensive.

解答例の訳 「すでに多くの日本食レストランが海外にはあります。また，日本食は高過ぎると多くの人が考えています」

解説 ここでも Yes か No かの立場をまず初めに明確にし，その立場を支持する理由を2文程度で説明することが重要である。解答例以外でも Yes

の場合は，具体的に寿司やてんぷらなどの人気を指摘してもよいだろう。No の場合は，日本食には調理が難しいものもあること（Some Japanese foods are difficult to cook.）などを指摘してもよいだろう。

全文訳 **重要な場所を守ること**

　今日，世界遺産としてリストに載せられる場所が増えている。しかし，世界中で多くの自然災害が起きている。それらによって深刻な損害を被ったため，修復に多くの労力を必要としている世界遺産がある。世界遺産を良い状態に保つために地域社会が協力していく必要がある。未来の世代のためにそのような場所を管理していくことは重要である。

質問の訳 No. 1 文章によれば，なぜいくつかの世界遺産は修復に多くの労力を必要としているのか。

No. 2 では，絵を見てその状況を説明してください。20 秒間，準備する時間があります。話はカードにある文で始めてください。

〈20 秒後〉始めてください。

では，～さん（受験生の氏名），カードを裏返して置いてください。

No. 3 自然の中の美しい場所を訪れる観光客の数を規制するべきだと言う人がいます。あなたはそれについてどう思いますか。

No. 4 今日，多くの学校がボランティア活動をする時間を生徒に与えています。学校は生徒にボランティア活動をする時間を与えるべきだとあなたは思いますか。

Yes. →なぜですか。　　　　　　No. →なぜですか。

No.1 ···

解答例 Because they have been seriously damaged by natural disasters.

解答例の訳 「なぜならそれらは自然災害によって深刻な損害を被ったからです」

解説 第 3 文に Some World Heritage sites have been seriously damaged by them, so they require a lot of work to repair. とあり，them「それら」によっていくつかの世界遺産が深刻な損害を被ったため修復に多くの労力を必要としていることがわかる。them は，その直前の文の natural disasters を指しているので，them を natural disasters に直す。質問は why「なぜ」なので，Because で始め，主語の some World Heritage sites は繰り返しを避けるために they にするとよい。

No.2 ···

解答例 One day, Mr. and Mrs. Ito were talking about their trip. Mr. Ito

---

said to his wife, "I'd like to go to see an old castle." On the morning of the trip, Mrs. Ito was making sandwiches. Mr. Ito was thinking of putting their bags in the car. Later at the castle, Mr. Ito was looking at a map. Mrs. Ito was asking a man to take a picture of her and her husband.

解答例の訳　「ある日，イトウ夫妻は彼らの旅行について話をしていました。イトウさんは彼の妻に『私は古い城を見に行きたい』と言いました。その旅行の日の朝，イトウさんの妻はサンドイッチを作っていました。イトウさんは彼らのかばんを車の中に入れることを考えていました。その後城で，イトウさんは地図を見ていました。イトウさんの妻は男性に彼女と夫の写真を撮ってくれるように頼んでいました」

解説　1コマ目は指示された英文で始め，その後にイトウさんのせりふを Mr. Ito said to his wife, の後に続ける。2コマ目は On the morning of the trip, で始め，イトウさんの妻の動作を過去進行形で描写し，次に吹き出しの中に描かれているイトウさんの考えを説明する。3コマ目は Later at the castle, で始め，イトウさんが地図を見ている様子を描写し，次に吹き出しの中のイトウさんの妻の発言内容を説明する。

No.3

解答例　I agree. Some of these areas are damaged by many visitors. They leave a lot of trash at these areas.

解答例の訳　「私もそう思います。多くの訪問者によって損害を被った地域があります。彼らはこれらの場所で多くのゴミを残していきます」

解答例　I disagree. People should be allowed to visit these places at any time. Most people are careful not to damage such places.

解答例の訳　「私はそうは思いません。これらの場所をいつでも訪れることを人々は許されるべきです。ほとんどの人はそのような場所を傷つけないように注意を払っています」

解説　賛成か反対かを明確に述べた後，それを支持する理由を2文程度で説明する。解答例以外にも賛成の場合は，多くの人が訪れたため，水質が低下したビーチもある（On some beaches, water quality has worsened because of too many visitors.）としてもよいだろう。また反対の場合は，日焼け止めを禁止して，水質を落とさないようにしているビーチもある（Some types of sunscreen are not allowed on some beaches to keep the water clean.）などの具体例を出すとよいだろう。何か具体例を1つ添えると説得力が増す。

No.4

解答例　（Yes. と答えた場合）
These activities give students chances to help their communities.

115

Also, they can learn important skills from volunteer activities.

解答例の訳 「これらの活動は生徒に彼らの地域社会を助ける機会を与えます。また、彼らはボランティア活動から大切なスキルを学ぶことができます」

解答例 (No. と答えた場合)

Students need to focus on studying for their classes. This is more important for their future.

解答例の訳 「生徒は授業のための勉強に集中する必要があります。これは彼らの将来にとってより重要です」

解説 ここでも Yes か No か、自分の立場を明確にして、それを支持する理由を2文程度で述べるとよい。解答例以外にも賛成の場合は、これらの活動はほかの人への思いやりを育てる（These activities nurture a sense of caring for others.）と答えてもよいだろう。また反対の場合は、生徒はボランティア活動を強制されるべきではない（Students should not be forced to do volunteer activities.）と述べてもよいだろう。

英検2級に合格したら…

英検® 準1級に
チャレンジしよう！

準1級は，就職や転職，単位認定，海外留学，
教員採用試験や入試での優遇など，幅広く適用される資格です。
試験問題では社会性の高い話題が扱われ，レベルの目安は「大学中級程度」です。

準1級からここが変わる！

※試験内容は変更される可能性がありますので，受験の際は英検
ホームページで最新情報をご確認ください。

筆記
時間内に読む英文の量が増え，テーマもより難しくなります。必要
な情報を読み取り，時間内に解答できるようになりましょう。

リスニング
実際の生活の場面を想定した問題が加わります。講堂でのスピーチ
で音が響いていたり，留守番電話のメッセージで音質が悪かったり
する中で，必要な情報を聞き取りましょう。

面接
英文の音読がなくなり，イラストの描写と，社会問題に関する問い
への応答のみになります。自分の言葉でしっかりと答えましょう。

オススメの英検書はこちら！

試験の傾向と問題の解き方を
しっかり学べる

参考書

英検準1級
総合対策教本

CD付

商品詳細はこちら

MEMO

英検受験の後は 旺文社の
英検® 一次試験 解答速報サービス

PC・スマホからカンタンに*自動採点！*

- ウェブから解答を入力するだけで，リーディング・リスニングを自動採点
- ライティング（英作文）は観点別の自己採点ができます

大問別の正答率も一瞬でわかる！

- 問題ごとの○×だけでなく，技能ごと・大問ごとの正答率も自動で計算されます

英検® 一次試験 解答速報サービス
https://eiken.obunsha.co.jp/sokuhou/

※本サービスは従来型の英検 1 級〜 5 級に対応しています
※本サービスは予告なく変更，終了することがあります

旺文社の英検®合格ナビゲーター https://eiken.obunsha.co.jp/

英検合格を目指す方には英検®合格ナビゲーターがオススメ！
英検試験情報や級別学習法，オススメの英検書を紹介しています。

2023-2024年対応

文部科学省後援

直前対策

英検®2級
3回過去問集 | 別冊解答

Obuns